Martina Kabitzsch | Mit Fotos von Nikolaus Becker

Blüten-menüs

Der Garten bittet zu Tisch

JAN THORBECKE VERLAG

VERLAGSGRUPPE PATMOS

PATMOS
ESCHBACH
GRÜNEWALD
THORBECKE
SCHWABEN

Die Verlagsgruppe
mit Sinn für das Leben

MIX
Papier aus verantwortungsvollen Quellen
FSC® C012425

Für die Schwabenverlag AG ist Nachhaltigkeit ein wichtiger Maßstab ihres Handelns. Wir achten daher auf den Einsatz umweltschonender Ressourcen und Materialien. Dieses Buch wurde auf FSC®-zertifiziertem Papier gedruckt. FSC (Forest Stewardship Council®) ist eine nicht staatliche, gemeinnützige Organisation, die sich für eine ökologische und sozial verantwortliche Nutzung der Wälder unserer Erde einsetzt.

2. Auflage 2012

www.thorbecke.de

Umschlaggestaltung: Finken & Bumiller, Stuttgart
Druck: Offizin Andersen Nexö, Zwenkau
Hergestellt in Deutschland
ISBN 978-3-7995-3548-9

Einleitung

Wenn wir von Blumen und Blüten sprechen, so denken die Menschen zuerst an die Blumenpracht im Garten oder an einen schönen Strauß in der Vase. Dabei ist in Vergessenheit geraten, dass die meisten Blüten auch essbar sind und wie sie in der Küche verwendet werden können. So erging es auch mir, bis ich 2001 in Südfrankreich Urlaub machte. Ich war schon öfter am Mittelmeer, doch dieses Mal war es anders. Die verschwenderische Fülle und der betörende Duft der Blüten in der Natur und in den Gärten beeindruckten und faszinierten mich sehr. Auf den Märkten wurden viele regionale Spezialitäten aus eben diesen Blüten angeboten und schmeckten köstlich. Hinzu kam die französische Lebensart und ihre Gabe, aus einem »einfachen« Gericht – hier war es eine Lauchtarte mit Lavendel – etwas ganz Besonderes zu machen.

Ich habe schon immer gern gebacken und gekocht, aber noch nie mit Blüten. Einige Jahre zuvor hatte ich mich mit einer kleinen Manufaktur selbstständig gemacht und stellte Liköre nach traditionellen Rezepten her. In meinen alten Kochbüchern aus dem 19. Jahrhundert, das wusste ich, gab es einige Rezepte mit Blüten, aber ich hatte mich bisher noch nicht daran gewagt. Man verwendete damals Veilchen, Rosen, Lavendel, Nelken und viele andere Blumen mehr in der Küche.
Mit einem neuen französischen Kochbuch und einigen getrockneten Blüten im Gepäck machte ich mich auf den Weg nach Hause in meine Küche. Zuerst probierte ich natürlich Blütenliköre, dann Blütenzucker und Blütengelees aus. Meine Neugier/Leidenschaft war geweckt und ich beschäftigte mich intensiver mit der Blütenküche. Und zwar nicht nur mit der »süßen«, sondern auch mit der »herzhaften« Variante. Ich fand viele Rezepte, die ihre Wurzeln in der Vergangenheit hatten, aber auch viele aus anderen Kulturen. Doch jedes Mal bescherten sie mir ein außergewöhnliches Geschmackserlebnis. Ich erfuhr, welche Blüten essbar sind und wie man sie in der Küche verwenden kann. Mir ging es dabei nicht um die Dekoration von Speisen mit ein paar hübschen Blüten, sondern ich wollte mit den einzigartigen Aromen arbeiten und experimentieren und so einem Gericht eine besondere Note verleihen.
Vor drei Jahren legte ich einen »essbaren« Blütengarten an, der mittlerweile auch die frischen Zutaten für meine

Blütenkochkurse liefert. Denn während die Kräuterküche in aller Munde ist und heute mit den exotischsten Gewürzen gekocht wird, steckt die Blütenküche noch in den Kinderschuhen. Viele Kursteilnehmer haben Blumen im Garten und ahnen nicht im Entferntesten, dass sie essbar sind und welchen Genuss sie bereiten können. Oder kennen Sie den feinen Geschmack von Magnolien oder Jasmin? Haben Sie schon einmal Taglilien oder Chrysanthemen probiert? Ein Versuch lohnt sich auf jeden Fall. Dabei ist die Blütenküche sicher keine neue Modeerscheinung, sondern eine jahrhundertealte kulinarische Tradition. Es besteht kein Zweifel, dass Blüten auch hier bei uns in Europa früher regelmäßig verwendet wurden und zum Küchenalltag gehörten. Diverse schriftliche Aufzeichnungen und Kochbücher aus dem 16. und 17. Jahrhundert, vor allem aus England, belegen dies.

Mit meinem Buch möchte ich all diejenigen, die gern kochen und Freude am sinnlichen Lebensgenuss haben, in die Geheimnisse der Blütenküche einweihen. Die im Buch vorgestellten Menüs versprechen ganz besondere Gaumenfreuden und sind eine Quelle der Inspiration, unabhängig davon, ob Sie ein komplettes Menü zubereiten möchten oder nur einzelne Komponenten daraus. Alle Rezepte, so ausgefallen sie auch sein mögen, sind leicht nachkochbar. Darüber hinaus gibt es eine »Einführung in die Blütenküche« mit Rezepten für Ihre Vorratsküche und als Grundlage für die folgenden Menüs. Lavendelhonig, Rosenzucker und Blütenessig sind nur einige davon. Wo immer es möglich ist, habe ich angegeben, wie man anstelle von frischen Blüten, die nicht jedem zur Verfügung stehen, auf getrocknete Blüten zurückgreifen kann.

Eingeleitet werden die Menüs mit einem kleinen Ausflug in die »Entstehungsgeschichte« der jeweiligen Blüte und ihre traditionelle Verwendung in der Küche. Bei meiner Recherche zu den Blüten lernte ich diese Geschichten aus der antiken Mythologie kennen und lieben und ich möchte Sie Ihnen zur Einstimmung nicht vorenthalten. Am Ende der Menüs findet dann der passionierte Hobbygärtner Tipps für den Anbau der Pflanzen im Garten und die geeigneten Sorten für die Küche. Begleitet werden die Kapitel von vielen wunderschönen Fotos, welche die Schönheit der Blüten im Detail zeigen und Lust machen, sie in die Küche zu holen.

Ich möchte Sie nun einladen, mir in die faszinierende Welt der Blüten zu folgen. Vom Duft und Aroma berührt, kommt man ins Schwärmen und wird regelrecht verzaubert. Probieren Sie die Rezepte aus. Zu Beginn halten Sie sich vielleicht an meine Vorgaben, doch wenn die Leidenschaft Sie packt, entdecken Sie, dass es sehr viel mehr Spaß bereitet, ein Rezept nach eigenen Ideen und Vorlieben zu verändern und ihm so etwas ganz Persönliches zu verleihen.

Denn Blüten in der Küche verwöhnen all unsere Sinne, ihre Schönheit, ihr Duft und ihr Geschmack sprechen unsere Augen, unsere Nase und unseren Gaumen an. Vielleicht ahnen Sie ja bereits, welche kulinarischen Entdeckungen die Blütenküche für Sie bereit hält …

MARTINA KABITZSCH

Einführung in die

Blüten-küche

Ich hoffe, es ist mir gelungen, Sie in meiner kleinen Einleitung neugierig zu machen auf all die unbekannten und faszinierenden Geschmackserlebnisse, die Blüten Ihnen bieten können. Doch bevor Sie zur Tat schreiten, möchte ich Ihnen noch ein paar Grundlagen mit auf den Weg geben. Denn es gibt Einiges zu beachten, damit Ihre kulinarische Entdeckungsreise ein voller Erfolg wird. Auch möchte ich Ihnen in diesem Kapitel die Rezepte wichtiger Basisprodukte vermitteln, in denen Sie das Aroma der Blüten im Sommer einfangen und so noch im Winter genießen können.

Blüten für die Küche vorbereiten

Blüten sind eine wundervolle Bereicherung für die Küche. Doch um sicher zu gehen, dass dieser Genuss auch Genuss bleibt, beachten Sie bitte Folgendes: Die meisten Blüten sind essbar. Doch versuchen Sie bitte nicht, mit Blüten zu experimentieren, von denen Sie nicht eindeutig wissen, dass sie genießbar sind. Am Ende dieses Buches habe ich eine Liste mit essbaren Blüten zusammengestellt, die zwar keinen Anspruch auf Vollständigkeit erhebt, Ihnen aber helfen soll, in das Thema einzusteigen. Trotzdem: Sind Sie sich unsicher, verzehren Sie die jeweilige Pflanze nicht.
Achten Sie darauf, dass die Blüten nicht mit Chemikalien und Pflanzenschutzmitteln behandelt wurden. Herkömmliche Pflanzen aus dem Blumenladen eignen sich daher nicht zum Verzehr. Einige Supermärkte und Gemüsegeschäfte bieten speziell essbare Blüten an. Am besten ist es natürlich, sie im eigenen Garten nach ökologischen Grundsätzen anzubauen. Bei Wildpflanzen, die in der Nähe von konventionell bewirtschafteten Feldern wachsen, müssen Sie jedoch auch damit rechnen, dass diese mit Pflanzenschutzmitteln belastet sind. Auch staubige Blumen vom Wegesrand sind ungeeignet. Es ist auch nicht auszuschließen, dass Blüten bei manchen Menschen allergische Reaktionen hervorrufen können. Entfernen Sie deshalb Pollen tragende Pflanzenteile wie Staubgefäße und Stempel. Da Blüten aber nur gelegentlich und in kleinen Mengen auf dem Teller landen, sind Nebenwirkungen eher selten.

FRISCH AUF DEN TISCH Blüten sind sehr empfindlich. Damit sie nicht verwelken, ist es ratsam, die Blumen erst unmittelbar vor der Verwendung zu pflücken. Am besten pflückt man Blüten übrigens vormittags, wenn der Tau abgetrocknet ist und bevor die Sonne zu sehr scheint, da sich sonst die ätherischen Öle verflüchtigen. Duft und Aroma sind am intensivsten bei Blüten, die sich gerade erst geöffnet haben. Um versteckte Insekten loszuwerden, sollten Sie die ganzen Blüten kopfüber ausschütteln bzw. absuchen. Sie können die Blumen, wenn nötig, auch vorsichtig in kaltem Wasser abwaschen und anschließend trocken tupfen. Falls Sie nur die Blütenblätter verwenden möchten, sollten Sie diese erst direkt vor dem Servieren auszupfen. Ganze Blüten lassen sich in einer Schale mit Wasser einige Stunden frisch halten. Auf jeden Fall sollten Sie vor der Verwendung die Stiele und die grünen Kelchblätter entfernen, wenn möglich auch Staubgefäße und Stempel. Blüten von Phlox, Schlüsselblume, Ochsenzunge und Salbei lassen sich leicht vom Kelch abziehen, ohne dass die Blütenblätter beschädigt werden oder gar auseinanderfallen. Bei anderen Blüten, wie zum Beispiel bei Stiefmütterchen, hat man oft die Blütenblätter einzeln in der Hand. Stockrosen lassen sich schwer vom Kelch abziehen, man schneidet oder zupft deshalb einfach die Blütenblätter ab. Rosenblüten dreht man am besten im Ganzen vom Kelch ab. Bei Ringelblumen, Gänseblümchen und Sonnenblumen können Sie die Blütenblättchen mühelos abziehen. Rosen und Nelken haben an der Basis der Blütenblätter einen weißen Ansatz, der bitter schmecken kann. Man schneidet ihn deshalb am besten mit einer kleinen Schere ab.

BLÜTEN TROCKNEN Wenn in den Sommermonaten die Pflanzen in Hülle und Fülle blühen, ist dies eine gute Gelegenheit, für den Winter vorzusorgen. Die meisten Blüten lassen sich ohne Probleme trocknen. Dazu werden unbeschädigte Blüten auf dem Höhepunkt ihrer Entwicklung an warmen Tagen gepflückt, wenn der Tau gerade abgetrocknet ist.
Die leichteste Art, Blüten zu trocknen, ist, sie locker gebündelt an den Stängeln kopfüber aufzuhängen. Dazu eignen sich warme, gut durchlüftete, möglichst dunkle Räume wie Dielen oder Dachböden. Die Blüten auf ein Gitter oder einen dünnen Gazestoff aufzulegen

und so zu trocknen, ist ebenfalls gut möglich. Sie können Blüten aber auch in der warmen Küche trocknen oder auf niedrigster Stufe im Backofen. Die Backofentür muss einen Spalt offen bleiben, damit die Feuchtigkeit abziehen kann. Die Trockentemperatur darf 35 Grad Celsius nicht übersteigen, da sonst die ätherischen Öle verfliegen. Wenn die Blüten raschel-trocken sind, werden sie in fest schließenden Gläsern oder Dosen kühl, dunkel und trocken aufbewahrt. Innerhalb eines Jahres sollten sie verbraucht werden.
Wenn Sie getrocknete Blüten bei der Zubereitung eines Rezeptes nehmen, genügt die Hälfte der Menge, die Sie bei frischen Blüten verwenden würden.

Blüten in Salaten

Vom Frühjahr bis in den Spätherbst bezaubern uns Blumen in der Natur. Ihre frischen Farben und ihr Duft laden dazu ein, sie ins Haus zu holen – nicht nur in die Vase, sondern auch auf den Teller. Und das ist besonders einfach als Salatbeigabe.
Gänseblümchen, Kapuzinerkresse und Löwenzahn im Salat sind vielen schon vertraut, doch auch andere Blumen aus dem Garten, wie Chrysanthemen, Dahlien, Rosen, Nelken und Phlox, kann man wunderbar als frische Zutat für Salate verwenden.
Und es ist nicht nur ihre Farbenpracht, wie zum Beispiel beim leuchtend roten Mohn oder der blauen Ochsenzunge, die einen einfachen Salat zum kulinarischen Highlight machen, sondern auch ihr Geschmack und ihre besondere Textur. Die Blüten der Taglilien schmecken wie Zuckererbsen und sind knackig, die der Malven sind hingegen seidenweich. Kapuzinerkresse- und Schnittlauchblüten schmecken pfeffrig scharf, Phlox und Flieder haben einen köstlich süßen Geschmack. Hier lohnt sich also ein Probieren auf jeden Fall. Im Frühling bieten sich blaue Duftveilchen und Schlüsselblumen an, aber auch die Blüten von Kissenprimeln und Gänseblümchen. Dann folgen im Frühsommer Begonien, Rosen, Pfingstrosen, Klatschmohn, Duftnelken, Pelargonien und Stockrosen. Alle diese Blüten schmecken auch wundervoll auf sommerlichen Obstsalaten. Weiter geht es mit den würzig schmeckenden Kräuterblüten, Indianernesseln, Lavendel, Phlox, Kapuzinerkresse und Ringelblumen, gefolgt von Sonnenblumen, Astern, Dahlien und Chrysanthemen im Herbst.

BLÜTEN IN ESSIG Wenn man nicht mehr auf frische Blüten für den Salat zurückgreifen kann oder aber den Geschmack unterstützen will, sind Blütenessige ideal. Hier heißt es nun vorzusorgen und rechtzeitig das Aroma und auch die Farbe von Blüten in mildem Weinessig zu konservieren. Am besten eignen sich duftende Blüten von kräftiger Farbe, wie Rosen-, Veilchen-, Lavendel- oder Nelkenblüten. Aber auch Holunder- oder Orangenblüten und alle Kräuterblüten bieten ein köstliches Aroma und ergeben interessante Essigvarianten. Blütenessig kann man mit kaltem oder mit warmem Essig ansetzen. Am einfachsten ist es sicherlich, die Blüten in kaltem Weinessig ziehen zu lassen.
Verwenden Sie die Blütenessige für Blattsalate, gern auch in Kombination mit Früchten, wie Erdbeeren und Himbeeren, oder Nüssen. Veilchenessig eignet sich nicht nur zur Zubereitung von Salatsaucen, er passt auch sehr gut zu Meeresfrüchten und gegrilltem Gemüse. Rosenessig wird noch aromatischer durch eine Handvoll Himbeeren – hier können Sie dann auch Rotweinessig nehmen – und harmoniert wunderbar mit Geflügelleber (Rezept im Rosen-Menü). Aber experimentieren Sie selbst und verwandeln Sie einen einfachen Salat in ein kulinarisches Erlebnis. Am besten kombiniert man Blütenessige mit einem neutralen Öl, wie zum Beispiel Traubenkern- oder Sonnenblumenöl, damit das Blütenaroma nicht überdeckt wird. Falls Sie Nüsse im Salat verwenden möchten, passt auch ein Walnussöl hervorragend.

BLÜTENESSIG

500 ML WEINESSIG
1–2 HANDVOLL FRISCHER, VORBEREITETER BLÜTEN (JE NACH DUFTINTENSITÄT)

Die Blütenblätter locker in eine breitrandige Flasche mit Verschluss oder in ein großes Einmachglas füllen und mit dem Essig aufgießen, sodass die Blüten vollständig bedeckt sind. Das Glas fest verschließen und für 2–3 Wochen an einen warmen, sonnigen Ort stellen. Von Zeit zu Zeit schütteln. Anschließend den Essig filtern und in Flaschen füllen. Diese sollten dann beschriftet kühl und dunkel aufbewahrt werden.

Ich verwende am liebsten einen milden Weißweinessig, da so auch die prächtige Färbung durch die Blüten zur Geltung kommt. Falls Sie keine frischen Blüten zur Verfügung haben, können Sie den Blütenessig auch mit getrockneten Blüten in Bio-Qualität ansetzen. Hier reicht dann in der Regel die Hälfte der Blütenmenge. Früher hat man den Weinessig oft erhitzt, aber nicht gekocht, und mit dem heißen Essig die duftenden Blüten übergossen. Bevor das Glas dann verschlossen wird, sollte der Essig abgekühlt sein. Das Ganze braucht dann nur 1 Woche zu stehen, wird gefiltert und in Flaschen abgefüllt. Der Geschmack ist etwas milder, er hat nicht soviel Säure.

BLÜTEN IN ÖL Eine andere Möglichkeit, das Aroma von Blüten für Salate einzufangen, ist die Herstellung von Blütenölen. Sie sind ebenfalls eine wundervolle Zutat für eine Vinaigrette und sorgen für ein erstaunliches Aroma. Damit aber nicht genug: Lavendel- und Thymianöl eignen sich auch hervorragend zum Anbraten von Hühnchen- oder Lammfleisch, Oreganoöl kann man über eine Pizza träufeln, Dillöl zum Braten von Fisch verwenden und Rosmarinöl gibt Grilltomaten und Backkartoffeln das gewisse Etwas. Als Grundlage für Blüten mit einem eher süßen Aroma, wie Lavendel, Schlüsselblumen oder Rosen, eignet sich ein leichtes Sonnenblumen- oder Traubenkernöl am besten, da so der Eigengeschmack der Blüten nicht überdeckt wird. Die kräftigeren Aromen von Kräuterblüten harmonieren dagegen gut mit Olivenöl und zaubern einen Hauch von Mittelmeeratmosphäre in Ihre Gerichte. Die Ergebnisse sind sehr verschieden, lohnen aber in jedem Fall einen Versuch.

BLÜTENÖL

1–2 HANDVOLL BLÜTEN
1 L SONNENBLUMEN- ODER TRAUBENKERNÖL, BEI KRÄUTERBLÜTEN AUCH OLIVENÖL
½ TL SALZ

Die Blüten und das Salz in eine breitrandige Flasche mit Verschluss oder in ein großes Einmachglas füllen und mit dem Öl übergießen. Es ist wichtig, dass die Blüten vollständig mit Öl bedeckt sind, da sie sonst zu schimmeln beginnen. Das Glas für einen Monat auf eine sonnige Fensterbank stellen, ab und zu schütteln. Das Öl durch ein Tuch abseihen und in möglichst dunklen, gut verschlossenen Flaschen kühl aufbewahren.

Das gefilterte Blütenöl hält sich 6–8 Monate. Das Salz fügt man eher zur Konservierung als aus geschmacklichen Gründen zu.
Um zu verhindern, dass sich in dem mit Blüten angesetzten Öl Schimmel bildet, kann man das verschlossene Glas in einem Wasserbad für 30 Minuten knapp unter den Siedepunkt erhitzen. Lassen Sie das Glas anschließend ca. 14 Tage an einem warmen Ort stehen, bevor das Öl gefiltert und in saubere Flaschen gefüllt wird. Die Zugabe von Salz ist hierbei nicht notwendig.

Blüten in Butter und Brot

Überraschen Sie zum Brunch oder auf einer Grillparty Ihre Gäste doch einmal mit dekorativer Blütenbutter und/oder einem knusprigen Blütenbrot.

BLÜTENBUTTER Buttermischungen mit Blüten wirken optisch sehr reizvoll, schmecken gut und lassen sich vielseitig verwenden. Pikante Mischungen mit knackigen Schnittlauchblüten, pfeffriger Kapuzinerkresse oder auch mit Kräuterblüten können Sie zu Baguette, zu gegrilltem Fleisch oder auf Crackern reichen. Auch lässt sich mit ihnen frisches Gemüse verfeinern. Süße Mischungen mit Rosenblüten oder Phlox machen aus einem Honigbrot oder einem einfachen Kuchen eine Delikatesse.

BLÜTENBUTTER SÜSS ODER PIKANT

200 G ZIMMERWARME, WEICHE BUTTER
1 GUTE HANDVOLL BLÜTEN
ETWAS ZITRONENSAFT UND SALZ (PIKANT)
ETWAS PUDERZUCKER ODER SIRUP (SÜSS)

Es gibt verschiedene Arten, Blütenbutter herzustellen. Am einfachsten ist es sicherlich, sorgfältig verlesene und gezupfte Blütenblätter unter zimmerwarme Butter zu rühren. Bei größeren Blütenblättern ist es sinnvoll, diese zuvor in Streifen zu schneiden. Etwas Zitronensaft und Salz für die pikante und etwas Puderzucker oder Sirup für die süße Variante dazugeben, in ein Schälchen streichen und in den Kühlschrank stellen. Man kann die Blütenbutter zuvor auch in Alufolie in Form rollen und bekommt so eine »Blütenbutterrolle«, die, in Scheiben geschnitten und auf Eis serviert, sehr dekorativ aussieht.
Sie können die Blüten aber auch lagenweise zwischen die Butter verteilen. Dazu das Butterstück waagerecht teilen, eine Lage Blüten auf einen Teller legen und die erste Hälfte der Butter darauf setzen. Auf dem Butterstück weitere Blüten verteilen und die zweite Butterhälfte darauf geben und behutsam andrücken. Auf den Seiten und oben weitere Blüten an die Butter drücken und abdecken. Die Butter muss vor dem Servieren 24 Stunden im Kühlschrank durchziehen, damit sie vom Blütenaroma durchdrungen wird.

In einem geschlossenen Gefäß hält sich Blütenbutter im Kühlschrank zwei Wochen und länger. Sie kann auch eingefroren werden.

BLÜTENBROT Ich möchte Ihnen gern auch zwei Rezepte für ganz unterschiedliche Blütenbrote zeigen. Das erste ist »neutral«, Sie können es zum Frühstück mit Konfitüre oder Käse essen oder zu Salaten und Suppen reichen. Ich backe es am liebsten mit Holunderblüten, im Frühsommer mit frischen und später mit getrockneten Blüten. Duft und Geschmack des frischen Brotes sind einfach unglaublich. Das zweite Brot ist süßer und schmeckt mir persönlich am besten nur mit frischer Butter. Auch nach diesem Brot kann man süchtig werden. Meistens verwende ich hierbei Rosenblüten und Walnüsse oder Mandeln. Beide Brote kann man auch sehr gut im Brotbackautomaten backen.

BLÜTENBROT FÜR HERZHAFTES ODER SÜSSES

500 G MEHL
300 ML MILCH
1 BEUTEL TROCKENHEFE
10 G MEERSALZ
5 G ZUCKER
1 GUTE HANDVOLL FRISCHE, GEZUPFTE BLÜTENBLÄTTER ODER 10 G GETROCKNETE BLÜTEN
ETWAS FETT FÜR DIE FORM

Aus den genannten Zutaten einen Hefeteig zubereiten und die Blüten hinzufügen. Auch hierbei größere Blütenblätter wieder in Streifen schneiden. Nach einer Stunde Ruhezeit, abgedeckt an einem warmen Ort, wird der Brotteig noch einmal gut durchgeknetet und in eine gefettete Form gegeben. Abgedeckt noch etwas gehen lassen und dann im vorgeheizten Backofen bei 175 Grad Celsius ca. 45 Minuten goldbraun backen. Das Brot aus der Form lösen und auf einem Gitter abkühlen lassen.

SÜSSES ROSENBLÜTENBROT

450 G MEHL
150 ML MILCH
1 BEUTEL TROCKENHEFE
2 EIER
75 G WEICHE BUTTER
75 G ZUCKER
1 TL SALZ
100 G GEHACKTE NÜSSE NACH WAHL
2 HANDVOLL FRISCHE, GEZUPFTE DUFTROSENBLÜTENBLÄTTER ODER 20 G GETROCKNETE ROSENBLÜTEN

Von den frischen Rosenblüten den weißen Blattansatz entfernen und die Blütenblätter anschließend in Streifen schneiden. Weiter verfahren wie nebenstehend beschrieben.

Blüten in Frischkäse

Ich liebe Frischkäse in allen Variationen und zusammen mit leuchtenden Blüten machen diese Kombinationen auch optisch Einiges her: ob auf einem Salatbett zur Vorspeise, mit Rohkost als kleine Zwischenmahlzeit oder auf einem großen Buffet.

FRISCHKÄSECREME MIT RINGELBLUMEN

200 G DOPPELRAHMFRISCHKÄSE
2 EL SAHNE
25 G GERÖSTETE PINIENKERNE
3 GETROCKNETE FEIGEN
4–6 RINGELBLUMEN JE NACH GRÖSSE

Den Frischkäse mit der Sahne verrühren. Die Pinienkerne in einer beschichteten Pfanne ohne Fettzugabe goldgelb rösten und abkühlen lassen. Die Feigen in kleine Stückchen schneiden und mit den Pinienkernen unter die Käsecreme mischen. Die Ringelblumen auf Unversehrtheit und Insekten prüfen, die einzelnen Blütenblättchen abzupfen und ebenfalls unterheben. Mit frischem Weißbrot servieren.

ROSIGE FRISCHKÄSE-KUGELN

200 G ZIEGENFRISCHKÄSE
2–3 DUFTROSENBLÜTEN

Die Rosenblüten auf Unversehrtheit und Insekten prüfen, die Rosenblütenblätter abzupfen, den weißen Blattansatz abschneiden und die Blütenblätter in sehr feine Streifen schneiden. Den Ziegenfrischkäse mit den Händen zu 8 gleich großen Kugeln formen, in den Rosenblütenstreifen wenden und leicht andrücken. Nach Belieben auf Rosenblütenblättern anrichten. Dazu passt Baguette oder auch dunkles Brot.

HÜTTENKÄSE MIT DAHLIENBLÜTEN

1 HANDVOLL DAHLIENBLÜTEN
1 EL WALNUSSKERNE
200 G HÜTTENKÄSE
1 GESTRICHENER TL SALZ
PFEFFER AUS DER MÜHLE
WALNUSSKERNE UND DAHLIENBLÜTENBLÄTTER ZUR DEKORATION

Die Dahlienblüten auf Unversehrtheit und Insekten prüfen, die Blütenblätter zupfen und evtl. klein schneiden. Die Walnusskerne hacken. Den Hüttenkäse salzen und pfeffern und die Blütenblätter und Nüsse unterrühren. Auf Salatblättern anrichten und mit den restlichen Blüten und Nüssen garnieren.

ZIEGENKÄSE MIT MANDELN UND LAVENDEL

8 KLEINE ZIEGENFRISCHKÄSESCHEIBEN
50 G GEHACKTE MANDELN
2–3 TL LAVENDELBLÜTEN
2 EL OLIVENÖL

Die Mandeln mit den Lavendelblüten auf einem flachen Teller vermengen. Die kleinen Ziegenkäsescheiben rundherum mit Olivenöl bepinseln und in der Mandel-Lavendel-Mischung wenden. Dazu passt Baguette.

Blüten in Gelees, Konfitüren und Honigen

Der in Gelees, Konfitüren und Honigen eingefangene Duft von Blüten verzaubert an Sommer- wie an Wintertagen, sowohl zum Frühstück als auch zum Nachmittagstee, unsere Sinne. Genießen Sie die Blütenaufstriche auf Croissants, Baguettes oder Vollkornbrot. Der Fantasie sind keine Grenzen gesetzt. Ich möchte Ihnen ein paar Anregungen und die Grundrezepte mit auf den Weg geben. Doch schon bald werden Sie vielleicht entdecken, dass es sehr viel mehr Spaß macht, ein Rezept nach eigenen Ideen zu verändern und ihm so etwas ganz Persönliches zu verleihen.

BLÜTENGELEE Für ein Rosengelee zum Beispiel benötigen Sie eine relativ große Menge an Rosenblüten. Vielleicht fällt es Ihnen schwer, die Duftrosen in Ihrem Garten zu pflücken. Doch wenn Sie am Ende auch nur ein oder zwei Gläser köstliches Rosengelee erhalten, die Sie mit Stolz und besonderer Freude genießen, hat sich das Opfer gelohnt.
Falls Sie keinen Garten haben, können Sie auf getrocknete Blüten in Bio-Qualität zurückgreifen, in den Rezepten habe ich die abweichenden Mengen mit vermerkt. Sie müssen auch beachten, dass die verschiedenen Blüten unterschiedlich stark im Aroma sind. Für ein Lavendelgelee benötigen sie z. B. weniger Blüten als für ein Rosengelee.

BLÜTENGELEE-GRUNDREZEPT

500 ML WASSER
60 G FRISCHE ODER 30 G GETROCKNETE BLÜTEN (Z. B. DUFTROSEN- ODER VEILCHENBLÜTEN) ODER
30 G FRISCHE ODER 15 G GETROCKNETE, SEHR AROMATISCHE BLÜTEN (Z. B. LAVENDEL- ODER HOLUNDERBLÜTEN)
500 G GELIERZUCKER 1:1
2 EL ZITRONENSAFT

Die Blütenblätter auf Unversehrtheit und Insekten prüfen und mit dem Wasser aufkochen. Auf der ausgeschalteten Wärmequelle ca. eine halbe Stunde ziehen lassen. Die Blüten abseihen und das Blütenwasser auffangen. Die Blüten dabei gut ausdrücken. 375 Milliliter Blütenwasser abmessen und mit dem Gelierzucker und dem Zitronensaft zum Kochen bringen. Unter Rühren 4 Minuten sprudelnd kochen lassen. Sofort randvoll in die vorbereiteten Twist-Off-Gläser füllen, fest verschließen und für 5 Minuten auf den Deckel gewendet stehen lassen.

Sie können die Gelees anstelle mit Wasser auch mit Weißwein oder Apfelsaft kochen, der Eigengeschmack der Blüten kommt dann aber nicht so gut zur Geltung

BLÜTENKONFITÜRE Duftende Blüten und sonnengereifte Früchte bilden eine unschlagbare Kombination für außergewöhnliche Konfitüren. Auch hier gibt es wieder viele Variationsmöglichkeiten:
Himbeeren mit Rosenblüten, Heidelbeeren mit Veilchen, Kirschen mit Jasminblüten, Brombeeren mit Holunderblüten oder Erdbeeren mit Lavendel. Lassen Sie Ihrer Fantasie freien Lauf! Kochen Sie Ihre Lieblingskonfitüre und geben Sie frische oder getrocknete Blüten hinzu.

BLÜTEN-FRUCHT-KONFITÜRE

500 G FRÜCHTE
40 G FRISCHE ODER 20 G GETROCKNETE BLÜTEN (Z. B. DUFTROSEN- ODER VEILCHENBLÜTEN) ODER 20 G FRISCHE ODER 10 G GETROCKNETE, SEHR AROMATISCHE BLÜTEN (Z. B. LAVENDEL- ODER HOLUNDERBLÜTEN)
500 G GELIERZUCKER 1:1
4 EL ZITRONENSAFT

Die Blütenblätter auf Unversehrtheit und Insekten prüfen und alles zusammen in einem Topf gut mischen und zugedeckt 2 Stunden durchziehen lassen. Dann aufkochen und unter Rühren 4 Minuten sprudelnd kochen lassen. Die Konfitüre evtl. abschäumen und sofort randvoll in die vorbereiteten Twist-Off-Gläser füllen, fest verschließen und für 5 Minuten auf den Deckel gewendet stehen lassen.

BLÜTENHONIG Blütenhonige kann man nicht nur als Brotaufstrich und zum Süßen von Tee verwenden, sie eignen sich auch hervorragend zum Würzen und Marinieren in der herzhaften Blütenküche.
Im Hauptgericht des Rosenmenüs stelle ich Ihnen ein Hühnchen-Rezept mit Rosenhonig vor, das Dessert des Lavendelmenüs wird mit Lavendelhonig zubereitet. Aber es gibt noch viele weitere Verwendungsmöglichkeiten, z. B. in Salatsaucen, über gratiniertem Ziegenkäse oder auf Früchtetartes.

BLÜTENHONIG-GRUNDREZEPT

250 G MILDER BLÜTENHONIG
3 EL GETROCKNETE LAVENDELBLÜTEN ODER
6 EL GETROCKNETE DUFTROSENBLÜTEN

Den Honig in einem Topf erwärmen; er darf auf keinen Fall kochen, da sonst seine wertvollen Inhaltsstoffe verloren gehen. Die getrockneten Blüten in einem Mörser leicht zerreiben und in den warmen Honig geben. Mindestens eine halbe Stunde ziehen lassen und dann den Honig durch ein feines Sieb passieren.

Blüten in Zucker

Blüten können nicht nur umwerfend duften, sondern auch hinreißend schmecken. Besonders, wenn sie verzuckert werden, denn Zucker verstärkt ihr feines Aroma. Auf diese Weise konservierte Blüten sind wahre Köstlichkeiten und sehen wunderschön aus. Kandierte Veilchen sind aus der Patisserie nicht mehr wegzudenken, aber sie verzaubern auch cremige Desserts und Obstsalate.

VERZUCKERTE BLÜTEN Das Verzuckern von Blüten erfordert vor allem Geduld, ist aber nicht so schwierig, wie es vielleicht aussehen mag. Geeignet sind fast alle essbaren Blüten, besonders aromatisch und dekorativ sind aber Veilchen, Rosen, Nelken und Magnolien.
Die einfachste Methode, Blüten zu verzuckern, ist die Verwendung von Eiweiß und Zucker. Kleinere Blüten können im Ganzen verzuckert werden, bei größeren ist es oft besser, nur einzelne Blütenblätter zu verzuckern, doch lassen sich mit etwas Geduld auch die ganzen Blüten so behandeln.

DEKORATIV VERZUCKERTE BLÜTEN

FRISCH GEPFLÜCKTE BLÜTEN
1 EIWEISS
50 G EXTRAFEINER ZUCKER
EIN WEICHER PINSEL

Die Blüten auf Unversehrtheit und Insekten prüfen. Das Eiweiß und den Zucker in getrennte Schüsseln geben und die einzelnen Blüten sorgfältig mit dem Pinsel auf beiden Seiten mit dem Eiweiß bestreichen. Die Blätter dabei nicht zu nass machen. Anschließend jedes Blütenblatt sorgfältig mit feinem Kristallzucker bestreuen und überschüssigen Zucker vorsichtig abschütteln. Die überzuckerten Blüten auf einem Kuchengitter in der warmen Küche trocknen lassen, bis sie sich glashart anfühlen, was bis zu 2 Tage dauern kann. Wenn man die Blütenblätter vor dem Überzuckern statt mit Eiweiß mit Gummiarabikum bestreicht und wie beschrieben trocknen lässt, halten sie sich mehrere Monate. Zum Bestreichen der Blüten 5 Milliliter (1TL) Gummiarabikum in 25 Milliliter (1½EL) Wasser oder einer farblosen Spirituose auflösen. Die Trocknungszeit beträgt in diesem Fall nur einige Stunden.
Schichten Sie verzuckerte Blüten zwischen Pergamentpapier in luftdicht verschließbare Dosen oder Vorratsgläser.

Man kann die »harten« Blütenblätter auch in geschmolzene Schokolade tauchen und zum Abkühlen auf einen Gitterrost legen – ein tolles Konfekt zu Kaffee und Tee.

KANDIERTE BLÜTEN Früher hat man die Blüten oft kandiert, das heißt, sie in einen heißen Sirup getaucht. So »präparierte« Blüten halten sich etwas länger.

KANDIERTE BLÜTEN

FRISCH GEPFLÜCKTE BLÜTEN
150 G ZUCKER
4 EL WASSER

Die Blüten auf Unversehrtheit und Insekten prüfen, mit kochendem Wasser ganz kurz überbrühen und abtropfen lassen. Den Zucker mit dem Wasser aufkochen, bis er Blasen wirft und zu kristallisieren beginnt. Die Blüten sofort hineingeben und ca. 15 Sekunden mitkochen lassen. Die Mischung auf ein mit Backpapier ausgelegtes Blech gießen und abkühlen lassen. Wenn der Zucker getrocknet und handwarm abgekühlt ist, jede Blüte einzeln vorsichtig aus der Zuckerverkrustung lösen und auf eine weitere Lage Backpapier legen. Trocknen lassen, dann in einer gut verschließbaren Dose aufbewahren.

Gießen Sie doch einmal eine kandierte oder verzuckerte Blüte mit Sekt auf, ein ungewöhnlicher Aperitif.

BLÜTENZUCKER Das Aroma süßer Blüten lässt sich auch durch die Herstellung von Blütenzucker einfangen. Je stärker der Duft der Blüten, umso aromatischer das Ergebnis. Blütenzucker kann man über Obstsalat, Gebäck oder Joghurt streuen. Sie können damit auch Tee oder Sahne süßen.

ROSENZUCKER

20 G STARK DUFTENDE, GETROCKNETE ROSENBLÜTENBLÄTTER
500 G FEINSTER ZUCKER

Die Rosenblütenblätter zusammen mit dem Zucker in einer Küchenmaschine fein mahlen und die Mischung durch ein Sieb geben, damit größere Blütenstückchen zurück bleiben. Anschließend sofort in gut verschließbare Gläser füllen und dunkel lagern.

LAVENDELZUCKER

1 HANDVOLL GETROCKNETER LAVENDELBLÜTEN
500 G FEINSTER ZUCKER

Die Blüten und den Zucker schichtweise in ein Einweckglas geben und das Glas gut verschließen. Nach 4-6 Wochen hat der Zucker ein intensives Lavendelaroma angenommen.
Die Mischung durch ein Sieb geben, sodass die Lavendelblüten zurück bleiben. Bewahren Sie den Zucker in gut verschlossenen Gläsern auf.

Blüten in Getränken

»Blüten träumen in Getränken«, diese Vorstellung finde ich sehr passend. Es sieht wunderschön aus, wie die Blüten langsam ihre Farbe an die Flüssigkeit um sie herum abgeben. Aber es ist ja nicht nur die Farbe, sondern vor allem auch ihr Aroma. Seit ewigen Zeiten stellt man Blütenauszüge her und erhält ganz unterschiedliche Getränke, je nachdem, ob man die Blüten mit Wasser aufgießt für Tee, Limonade oder Sirup oder sie in Alkohol ziehen lässt für Liköre oder Elixiere. Auch kann man Wein und Branntwein mit Blüten aromatisieren und hält so für jede Gelegenheit das richtige Getränk bereit. Beide vorgestellten Getränke, sowohl der Sirup als auch der Likör, eignen sich hervorragend als Basis für eine duftende Bowle mit Blüten und/oder Früchten. Werden Sie kreativ!

BLÜTENSIRUP Sehr erfrischend an heißen Sommertagen ist zum Beispiel mit Mineralwasser aufgegossener Holunderblütensirup. Er lässt sich aber auch sonst sehr vielseitig verwenden: als aromatische Zutat in Sekt oder Champagner, zur Geschmacksverfeinerung in Sorbets, Obstsalaten oder anderen Desserts, im Winter mit heißem Wasser aufgegossen als »Erkältungstee« … Sirup kann man aus den unterschiedlichsten Blüten herstellen. Versuchen Sie doch einmal Rosen- oder Lavendelsirup, Hibiskussirup (hier am besten die getrockneten Hibiscus sabdariffa-Blüten verwenden) oder Sirup aus Duftpelargonienblättern.

ROSENBLÜTENSIRUP

1 KG ZUCKER (ICH VERWENDE AM LIEBSTEN WEISSEN BIO-ROHRZUCKER)
120 G FRISCHE ODER 60 G GETROCKNETE DUFTROSENBLÜTEN
4 UNGESPRITZTE ZITRONEN

Die Rosenblüten auf Insekten und Unversehrtheit kontrollieren. Die Blütenblätter abzupfen, den weißen Ansatz abschneiden und die Blätter mit den in Scheiben geschnittenen Zitronen in eine Schüssel geben. Das Wasser zum Kochen bringen und den Zucker einrühren. So lange kochen lassen, bis die Lösung ganz klar erscheint. Dann alles vorsichtig über die Blüten und Zitronenscheiben gießen. 2-3 Tage lang abgedeckt stehen lassen, hin und wieder umrühren. Anschließend filtrieren und in Flaschen füllen. Den Sirup kühl und dunkel lagern.
Um eine längere Haltbarkeit zu erreichen, können Sie den gefilterten Sirup noch einmal aufkochen und sprudelnd heiß in vorgewärmte Flaschen füllen und sofort verschließen. Der Sirup kann auch eingefroren werden.

BLÜTENLIKÖR Wenn Sie es etwas hochprozentiger mögen, probieren Sie doch einmal dieses alte Rezept für eine Orangenblüten-Ratafia aus. Ratafia ist die alte Bezeichnung für Liköre, die mit Blüten oder Früchten angesetzt werden. Sie können hier gut auf getrocknete Blüten zurückgreifen.

ORANGENBLÜTEN-RATAFIA

50 G FRISCH GEPFLÜCKTE, GUT VERLESENE ODER
30 G GETROCKNETE ORANGENBLÜTEN
1 L FEINSTER BRANNTWEIN
375 G ZUCKER IN 500 ML WASSER AUFGELÖST

Die Blüten im Branntwein in einem verschlossenen Gefäß 4 Tage lang an einem sonnigen Ort ziehen lassen, dann filtern und den im Wasser gelösten Zucker zugeben. Gut vermischen und noch einmal filtern. In Flaschen oder eine schöne Karaffe füllen und einige Zeit ruhen lassen.
Wenn Sie mögen, können Sie dem Ansatz noch den Saft und die Schale einer unbehandelten Orange beifügen, der Likör wird dann fruchtiger.

Blüten in Eis

Eis ist keine Erfindung unserer Tage. Bereits vor über 3000 Jahren stellten die Chinesen Speiseeis aus einer Mixtur von Schnee, Milch und Fruchtsäften her. Auch die alten Griechen verstanden es, Schnee vom Olymp mit Honig, Fruchtsäften und Wein zu verfeinern. Heute haben wir es bedeutend einfacher: In fast jedem Haushalt befindet sich ein Tiefkühlgerät und oftmals sogar eine kleine Eismaschine. Der Kreativität sind dabei keinerlei Grenzen gesetzt.

BLÜTENEISWÜRFEL Besonders reizvoll sind in Eis konservierte Blüten. Auf diese Weise verzierte Eiswürfel lassen leichte, fruchtige Sommergetränke mit oder ohne Alkohol dekorativ erblühen. Sie können aber auch als Blickfang in einer gekühlten Suppe dienen. Die Auswahl geeigneter Blüten ist groß, wie zum Beispiel alle Arten von Duftpelargonien, Zwergrosen, Borretsch, Nelken, Nachtviolen und Veilchen. Besonders schön wirken Blüten mit außergewöhnlichen Formen

und Farben. Die Blüteneiswürfel lassen sich ganz leicht herstellen. Achten Sie jedoch darauf, dass die einzelnen Blüten in ihrer Größe und Form zu den Abmessungen der Unterteilungen der Eiswürfelschale passen. Besonders schön sind runde Formen, die denen der Blüten entsprechen.

BLÜTENEISWÜRFEL

FRISCHE, VORBEREITETE BLÜTEN
WASSER

Die Eiswürfelschale zur Hälfte mit Wasser füllen und die Blüten oder einzelne Blütenblättchen auf das Wasser legen. Vor dem Einfrieren etwas unter die Wasseroberfläche drücken, damit sie schön in der Mitte des Eiswürfels zu sitzen kommen. Die Schale ins Tiefkühlgerät stellen und erstarren lassen. Anschließend Wasser bis an den oberen Rand füllen und wieder einfrieren.
Anstelle von Wasser können Sie für die Eiswürfel auch Weißwein oder verdünnten Blütensirup nach Wahl nehmen.

BLÜTENSORBET Einen eisgekühlten Genuss versprechen auch Blütensorbets. Falls Sie Blütensirup (Rezept siehe »Blüten in Getränken«) vorrätig haben und eine Eismaschine besitzen, können Sie innerhalb einer halben Stunde ein köstliches Dessert zaubern.

ZARTSCHMELZENDES BLÜTENSORBET

200 ML BLÜTENSIRUP NACH WAHL
200 ML WASSER
200 ML TROCKENER WEISSWEIN

Alle gut gekühlten Zutaten vermischen und in der Eismaschine gefrieren lassen. Natürlich können Sie die vermischten Zutaten auch in das Tiefkühlfach stellen und etwa 4 Stunden gefrieren lassen. Dabei in der ersten Zeit jede halbe Stunde kräftig mit einer Gabel durchrühren, damit das Sorbet geschmeidig wird. Das fertige Sorbet mit dem Eisproportionierer in Schälchen oder Gläser füllen und nach Belieben mit verzuckerten oder frischen Blüten dekorieren. Als elegante Erfrischung kann zartschmelzendes Sorbet auch mit Sekt oder Champagner aufgegossen serviert werden.

Blüten in Tee

Zeit für eine Tasse Tee: Seit über 5000 Jahren ist Tee nicht nur ein Aufgussgetränk, sondern eine Lebensauffassung. Wer Tee mit Muße zubereitet und trinkt, findet zur inneren Ruhe, sagt man …
Ob es sich dabei um Teeblätter oder um Blütenblätter handelt, spielt eigentlich keine Rolle. Kräuter- und Blütentees werden von alters her in der Heilkunde geschätzt. Sei es bei Erkältungen, bei Magenbeschwerden oder Schlaflosigkeit. Aber auch unabhängig von ihrer medizinischen Wirkung ist schon der Duft dieser Tees eine Wohltat und ein guter Grund, sie zu trinken.

BLÜTENTEE Für die Teezubereitung können Sie frische oder getrocknete Blüten direkt mit kochendem Wasser übergießen und dann je nach Jahreszeit und persönlicher Vorliebe heiß oder kalt trinken. Wenn Sie mögen, können Sie noch Zucker, Honig oder Zitrone hinzufügen. Die Auswahl an geeigneten Blüten ist groß und kulturell sehr unterschiedlich: in Frankreich trinkt man am liebsten Verveine-Tee (Zitronenverbene), in Marokko Pfefferminztee, in Ägypten Hibiskustee und in Asien ist Jasmintee sehr beliebt. Bei uns sind vor allem Lindenblütentee, Kamillentee und Holunderblütentee bekannt. Aber haben Sie schon einmal Rosentee probiert?

Egal für welche Blüte oder welches Rezept Sie sich entscheiden: Genießen Sie den Moment, betrachten Sie das Teetrinken als kleine Auszeit vom Alltag und entwickeln Sie Ihre ganz persönliche Teezeremonie.

ROSENTEE

1–2 FRISCHE DUFTROSENBLÜTEN ODER
1 TL GETROCKNETE DUFTROSENBLÜTEN
250 ML WASSER

Bei frischen Rosenblüten den weißen Blattansatz abschneiden. Die Rosenblütenblätter mit dem kochenden Wasser übergießen und je nach gewünschter Stärke 3-5 Minuten ziehen lassen. Den Tee abseihen.

ROSENTEE MIT PFEFFERMINZE

50 G GETROCKNETE DUFTROSENBLÜTENBLÄTTER
50 G GETROCKNETE PFEFFERMINZBLÄTTER

Die Rosenblüten- und Pfefferminzblätter von Hand grob zerreiben, mischen und in einer gut schließenden Dose aufbewahren.
Für eine Tasse Tee ½ TL der Mischung mit heißem Wasser übergießen, 2-3 Minuten ziehen lassen und abseihen. Der Rosen-Pfefferminztee ist sehr magenfreundlich und verdauungsfördernd, also ideal nach einer üppigen Mahlzeit.

BLÜTENTEE-MISCHUNGEN Sie können aber getrocknete Blüten auch mit grünem oder schwarzem Tee mischen und nach Belieben noch andere Gewürze hinzufügen.

ROSENTEE-MISCHUNG

150 G SCHWARZER TEE
50 G GETROCKNETE ROSENBLÜTENBLÄTTER
1 VANILLESTANGE
2 ZIMTSTANGEN

Die aufgeschlitzte und in Stücke geschnittene Vanillestange trocknen lassen. Mit den grob zerbröselten Zimtstangen, den Rosenblüten und dem schwarzen Tee mischen. Diese Mischung in einer gut schließenden Dose kühl und trocken aufbewahren.
Für eine Tasse Tee ½ TL der Mischung mit heißem Wasser übergießen, 3-4 Minuten ziehen lassen und abseihen.

Orangenblüten

Zartheit und verführerischer Duft

Im Herzen wohnt ein unaufhörlich Sehnen
Zu wogen in des Südens Farbentanze
Berauscht im Blütenstaub der Pomeranze
Hinwegzufliehn auf wollustvollen Tönen …

AUS: »SÜDLUFT«, OTTO VON LOEBEN (1786–1825)

Historisches zur Blüte

Am erstaunlichsten ist vielleicht der augenfällige Kontrast: Kräftige, immergrüne Bäume schmücken sich mit weißen, ganz zarten Blüten. Ergänzt wird das Bild von einem berauschenden, süßen Duft, den Blüten und Blätter verströmen. Zu allem Überfluss vermag dieser Baum gleichzeitig Früchte und Blüten zu tragen. Kann es ein besseres Gleichnis für Fruchtbarkeit und ewiges Leben geben?

Die leuchtenden Früchte der Orangenbäume waren in verschiedenen Sprachen ausschlaggebend für ihre Namensgebung. Im griechischen Namen für die Orange »chrisomilia« verstecken sich die altgriechischen Bezeichnungen »chrysos« für Gold und »melon« für Apfel – goldene Äpfel also. Das lateinische Wort für Gold »aurum« fand Eingang in den botanischen Namen *Citrus aurantium*, den Carl von Linné später für die Orangenpflanze wählte. Im altmodischen deutschen Namen Pomeranze für die ersten in Europa bekannten, bitteren Orangen tritt ihre Ähnlichkeit mit dem Apfel in den Vordergrund.

Von goldenen Früchten erzählen verschiedene alte Mythen. Den Göttern verleihen sie ewige Jugend und verlockend waren sie immer. Wir alle kennen die Geschichte der Vertreibung von Adam und Eva aus dem Paradies, weil sie eine verbotene Frucht vom Baum der Erkenntnis kosteten. Ganz selbstverständlich hat sich die Überzeugung breit gemacht, es handele sich dabei um den Apfel, obwohl die Frucht in der Bibel nicht näher bezeichnet wird. Ebenso gut könnte es eine Orange gewesen sein, was erklären würde, warum auch sie zum Symbol für das Paradies und die Versuchung wurde. Zwar ist die Herkunft der Orangen nicht zweifelsfrei geklärt, doch unumstritten gehörten sie zu den ersten von Menschen kultivierten Früchten. Wahrscheinlich stammen sie ursprünglich eher aus dem Norden Indiens als aus China, wie man lange Zeit vermutete. Obwohl schon die alten Griechen um ihre Existenz wussten, verbreiteten sich Orangen in Europa erst relativ spät. Doch fanden sie schnell allerorten Liebhaber, selbst in Gegenden, die für Orangen kein ideales Klima boten. Im 16. Jahrhundert kam es an den Fürstenhöfen Mitteleuropas in Mode, Citruspflanzen zu züchten und in Glashäusern zu überwintern. Ging es zunächst lediglich darum, die wertvollen, frostempfindlichen Pflanzen im Winter zu schützen, entstanden im 17. und 18. Jahrhundert prächtige Orangerien mit umfangreichen Pflanzensammlungen, die zugleich Repräsentationszwecken dienten. Dabei waren es nie ausschließlich die schmackhaften Früchte, derentwegen Orangenbäume angebaut wurden. Ihr Symbolgehalt und ihr verführerischer Duft ließen sie zu den beliebtesten Pflanzen in Barockgärten werden. So wie dieser Baum zur gleichen Zeit Blüten und Früchte tragen kann, wurden vermutlich seit jeher sowohl seine Früchte als auch die duftenden Blüten gepflückt. Da weiße Blüten immer als Sinnbild für Unschuld und Tugend galten, wurden und werden Orangenblüten gern in Brautkränze geflochten und schmücken Brautkleider. Traditionell wird aus den Blüten der Bitterorange Orangenblütenöl gewonnen. Einer Legende nach parfümierte Anna Maria, Prinzessin von Nerola im 17. Jahrhundert ihre Bäder, ihr Briefpapier und vieles mehr mit diesem Blütenöl, weshalb es ihr zu Ehren den Namen Neroli erhielt. Seit Jahrhunderten ist der auf diese Weise extrahierte, lieblich-blumige Duft der Orangenblüten Element von Parfüms. Die Aromatherapie empfiehlt Orangenblütenöl bei der Behandlung psychosomatischer Erkrankungen sowie bei Angstzuständen und Depressionen. Nachgesagt wird dem Öl auch eine positive Wirkung bei Herzbeschwerden und eine gute Verträglichkeit selbst bei empfindlicher und entzündeter Haut.

Aurantium, medulla dulci, vulgare Ferr. Hesp. 377.
Aranzo dolce. Volkam. Hesp. Nor. I. 188.

Gemeine süsse Pomerantze.

Traditionelle Verwendung in der Küche

Der betörende Duft von Orangenblüten lädt geradezu ein, sie zu kosten. Da sie schwer und süß duften, liegt der Gedanke nahe, sie harmonierten vortrefflich mit allem, was ebenfalls süß ist.
Das Überzuckern der zarten weißen Orangenblüten hat in vielen Kulturen Tradition. Und so wie Orangenblüten häufig auf Brautkleidern blühen und in Brautkränze gewunden werden, zieren Hochzeitstorten bis heute oft verzuckerte Orangenblüten.
Dennoch soll nicht verschwiegen werden, dass der Geschmack frischer Orangenblüten nicht heranreicht an das, was ihr starker Duft verspricht. Wohl deshalb ist zu allen Zeiten versucht worden, ihr unwiderstehliches Aroma in Flüssigkeit zu lösen, um es endgültig einzufangen. Dazu wurde sowohl Wasser als auch Sirup, Öl oder Essig genutzt. Aus Orangenblüten wurde Tee bereitet, aber auch Honig, Limonade und Alkohol aromatisierte man traditionell mit Orangenblüten. Bis heute beliebt ist Orangenblütenlikör.

Schon im Mittelalter wurde ein wässriges Destillat aus Blüten der Bitterorange namens »Aqua Naphae« verwendet. Die Beigabe von aus den Blüten extrahiertem oder beim Destillieren von Blüten als Nebenprodukt anfallendem Orangenblütenwasser zu unterschiedlichen Speisen war zu allen Zeiten verbreiteter als das Verwenden der Blüten selbst. In Marokko heißt dieses Wasser »ma zhar« und wird ähnlich wie Rosenwasser hauptsächlich zum Aromatisieren von Backwaren und Süßspeisen verwendet. Doch nutzt die orientalische Küche Orangenblütenwasser traditionell auch als Zugabe zu Getränken und zum Verfeinern von Salaten. Besonders geeignet sind Orangenblüten wie auch Orangenblütenwasser für alle Köstlichkeiten, die aus Zitrusfrüchten entstehen. Ebenso wie beim Rosenwasser kann das Aroma von Orangenblütenwasser sehr intensiv sein. Daher sollte es sparsam dosiert werden.

Orangenblütenmenü

Nicht erst die Früchte des Orangenbaums, schon seine Blüten führen in Versuchung. Lassen Sie sich verführen und verwöhnen Sie ihre Sinne mit diesem unvergleichlichen Aroma. Träume vom süßen Leben unter südlicher Sonne werden zum Leben erweckt, wenn der zarte Duft von Orangenblüten die Luft erfüllt.

GETRÄNK – WEISSER KAFFEE AUS DEM LIBANON

Der weiße Kaffee aus dem Libanon enthält keine einzige Kaffeebohne. Vielmehr verströmt er den wunderbaren Duft eines blühenden Orangenbaumes und wird im Libanon nach altem Brauch nach dem Essen getrunken. Der weiße Kaffee wirkt auf ängstliche Menschen beruhigend und entspannend, außerdem hilft er bei der Verdauung eines zu üppigen Mahls. In manchen traditionellen Rezepten wird er mit Kardamomkapseln anstelle der Zitronenschale zubereitet, das Orangenblütenwasser ist jedoch immer Bestandteil des weißen Kaffees.

SCHALE EINER UNBEHANDELTEN ZITRONE,
ALTERNATIV ZWEI KARDAMOMKAPSELN
500 ML WASSER
WÜRFELZUCKER ODER KANDIS NACH GESCHMACK
1 TL ORANGENBLÜTENWASSER (AUS DER APOTHEKE)
PRO GLAS
ORANGENBLÜTEN ZUR DEKORATION

Die Zitronenschale oder die im Mörser angestoßenen Kardamomkapseln mit 500 Millilitern kochenden Wassers aufgießen. Zucker oder Kandis nach Geschmack zufügen und unter Rühren auflösen. Mit dem Orangenblütenwasser aromatisieren und sehr heiß und stark gesüßt in kleinen Gläsern servieren. Mit Orangenblüten garnieren.
Geben Sie vor dem Eingießen der heißen Flüssigkeit einen kleinen Löffel in das Glas, damit es nicht springt.

VORSPEISE – MÖHRENSALAT AUF MAROKKANISCHE ART

In Marokko ist Orangenblütenwasser ein sehr beliebtes »Gewürz«, das aus den Blüten der Bitterorangen gewonnen wird. Im Frühling werden die geschlossenen Blütenknospen gepflückt und zwei Tage lang zur Seite gelegt, bevor mit der Destillation begonnen wird. Aus drei Kilogramm Blüten lassen sich etwa fünf Liter Orangenblütenwasser gewinnen. Dieses eignet sich besonders gut für Speisen mit Orangen und verleiht Salaten und Desserts einen zarten Blütenduft. Außerdem harmoniert es sehr gut mit Zimt, wie man in diesem traditionellen Rezept schmecken kann.

500 G MÖHREN
2 SAFTIGE ORANGEN
SAFT VON 3 ORANGEN
SAFT VON 1 ZITRONE
3 EL ORANGENBLÜTENWASSER (AUS DER APOTHEKE)
3 EL ZUCKER
¼ TL SALZ
¼ TL GEMAHLENER WEISSER PFEFFER
1 TL ZIMT
ORANGENBLÜTEN UND 80 G GROB ZERKLEINERTE WALNÜSSE ZUR DEKORATION

Die Möhren putzen und raspeln. Die Orangen schälen, die weiße Haut und eventuelle Kerne vollständig entfernen und das Fruchtfleisch zunächst in 5 Millimeter dicke Scheiben und dann in Würfel schneiden und zu den Möhren geben.
Orangen- und Zitronensaft zusammen mit dem Orangenblütenwasser, dem Zucker, Salz und Pfeffer verrühren und über die Möhren und Orangen gießen.
Die Schüssel abgedeckt in den Kühlschrank stellen und die Mischung etwas ziehen lassen. Vor dem Servieren mit Zimt bestäuben und mit den Orangenblüten und Walnüssen bestreuen.

HAUPTGERICHT - ROSA GEBRATENE ENTENBRUST MIT ORANGENREIS UND ORANGENBLÜTEN

Ente mit Orangensauce ist ein Rezept aus der großen, französischen Küche. Ich habe es hier mit Orangenreis kombiniert, der das Fruchtige noch hervorhebt. Mit duftenden Orangenblüten bestreut, ist es nicht nur geschmacklich, sondern auch optisch ein Hochgenuss.

2 ENTENBRÜSTE, INSGESAMT CA. 750 G
1/8 L ROTWEIN
1 ORANGE
1/2 TL SALZ
FRISCH GEMAHLENER PFEFFER
1/2 TL HONIG
2 TL CRÈME FRAÎCHE ODER BUTTER
ORANGENBLÜTEN

2 EL BUTTER
1 1/2 TASSEN LANGKORNREIS
3 TASSEN WASSER
2 ORANGEN
50 G CASHEWKERNE
1/2 TASSE SULTANINEN
1 PR CAYENNEPFEFFER
1 GESTRICHENER TL SALZ
1 PR SAFRANFÄDEN

Die Entenbrüste waschen, trocken tupfen und mit Salz und Pfeffer würzen. An der Hautseite mit einem scharfen Messer rautenförmig einschneiden, ohne in das Fleisch zu schneiden. Die Entenbrüste auf die Hautseite in eine kalte Pfanne legen, damit das Fett unter der Haut weitgehend ausbraten kann und sich die Poren nicht zu schnell verschließen. Die Pfanne bei niedriger bis mittlerer Temperatur erhitzen. Wenn das Fett nach 10-12 Minuten ausgelassen und die Haut knusprig ist, die Entenbrüste kurz auf der anderen Seite anbraten und anschließend mit der Hautseite nach oben auf einen Rost in einen Bräter legen. In den 170 Grad Celsius heißen Backofen schieben und 10-12 Minuten braten, bis das Fleisch gar ist. Warm stellen.

In der Zwischenzeit den Bratensatz mit Rotwein und dem Saft der Orange ablöschen und etwas einkochen lassen. Die Sauce mit Salz, Pfeffer und Honig abschmecken, evtl. ausgetretenen Bratensaft von den Entenbrustfilets unterrühren. Die Sauce mit Crème fraîche oder Butter binden.

Für den Orangenreis die Butter in einem Topf schmelzen und den Reis dazugeben. Solange rühren, bis die Reiskörner glasig sind. Dann das Wasser zugießen und zum Kochen bringen. Inzwischen die Orangen schälen, in Schnitze teilen und die weißen Häutchen sorgfältig entfernen. Die Schnitze in kleine Stücke schneiden und zusammen mit den Cashewkernen und den Sultaninen unter den Reis heben. Cayennepfeffer, Salz und Safran zufügen und den Reis etwa 15-20 Minuten auf kleiner Flamme garen.

Die Entenbrustfilets quer zur Faser in 5 Millimeter dicke Scheiben schneiden und mit dem Orangenreis und der Sauce auf vorgewärmten Tellern anrichten. Die duftenden Orangenblüten darüberstreuen.

DESSERT – BLANC MANGER AUF ORANGENSAUCE MIT ORANGENBLÜTEN

Blanc Manger ist ein Mandeldessert, das sich schon im Mittelalter großer Beliebtheit erfreute. Es wird traditionell mit Orangenblütenwasser aromatisiert, da dieses den Geschmack der Mandeln perfekt ergänzt.

600 ML MILCH
200 G GESCHÄLTE, GEMAHLENE MANDELN
150 G ZUCKER
2 EL ORANGENBLÜTENWASSER (AUS DER APOTHEKE)
5 BL GELATINE ODER 2 BEUTEL GELATINE FIX
200 ML SAHNE

✖

60 G BUTTER
90 G ZUCKER
400 ML ORANGENSAFT
1 EIGELB
1 EL ZITRONENSAFT
3 EL ORANGENBLÜTENLIKÖR (REZEPT SIEHE »BLÜTEN IN GETRÄNKEN«) ODER ORANGENBLÜTENWASSER (AUS DER APOTHEKE)
EINIGE ORANGENBLUTEN UND ORANGENZESTEN ZUM GARNIEREN

Die Milch mit den gemahlenen Mandeln aufkochen, die Hitze reduzieren und ca. 30 Minuten ziehen lassen. Anschließend durch ein feines Sieb gießen und dabei die Mandeln sehr gut auspressen. Sie erhalten ca. 400 Milliliter dickflüssige Mandelmilch.
Die Mandelmilch in den Topf zurückgeben, den Zucker zugeben, noch einmal aufkochen und dann vom Feuer nehmen. Die Gelatine kurz in kaltes Wasser einlegen und dann abtropfen lassen. Orangenblütenwasser und Gelatine unter Rühren der Mandelmilch zugeben. Durch ein Sieb in eine Schüssel gießen und ca. 1 Stunde in den Kühlschrank stellen, bis die Masse am Rand leicht fest ist. Glatt rühren und die steif geschlagene Sahne sorgfältig unter die Masse ziehen. In eine große oder mehrere kleine, kalt ausgespülte Formen füllen. 3–5 Stunden im Kühlschrank fest werden lassen. Vor dem Stürzen den Rand lösen und die Form kurz in heißes Wasser tauchen. Wenn Sie mit Gelatine Fix arbeiten, die zwei Beutel mit dem Schneebesen in die abgekühlte Mandelmilch rühren und noch 1 Minute weiter rühren. Dann erst den Zucker hinzufügen und die steif geschlagene Sahne unterheben.
Für die Sauce die Butter mit dem Zucker in einer Pfanne nur ganz hell karamellisieren und mit der Hälfte des Orangensaftes ablöschen. In eine Schüssel gießen, das Eigelb untermischen und mit dem Mixer aufschlagen. Den restlichen Orangen- und den Zitronensaft zugeben und mit Orangenblütenlikör oder -wasser aromatisieren.
Zum Servieren einen Spiegel Orangensauce auf tiefe Teller gießen, das Blanc Manger darauf stürzen und mit Orangenblüten und Orangenzesten garnieren.

Orangen im Garten

ORANGEN (CITRUS X AURANTIUM) In wärmeren Regionen wachsen die immergrünen Orangenbäume zu stattlichen Exemplaren von bis zu zehn Metern Höhe heran. Die Blätter sind glänzend dunkelgrün und duften. Ihre Blüten sind weiß, bei einigen Arten auch cremefarben, haben einen Durchmesser von etwa drei Zentimetern und besitzen fünf Kelchblätter sowie fünf Blütenblätter. Die zahlreichen Staubblätter sind zu mehreren Gruppen verwachsen. Die Blüten verbreiten einen süßen, schweren Duft. Orangenbäume bevorzugen ein Klima zwischen 23 und 32 Grad Celsius. Unter idealen Vegetationsbedingungen wachsen sie das gesamte Jahr über. Das Heranreifen ihrer Früchte dauert etwa ein Jahr.

STANDORT Wie alle Citrusgewächse können Orangenbäume gar nicht genug Sonne bekommen. Sie mögen keine kalkhaltige Erde und benötigen ausreichend Nährstoffe und eine gleichmäßige Wasserversorgung.

KULTUR UND PFLEGE Da Orangenbäume in unseren Breiten nur den Sommer im Freien verbringen können, werden sie fast ausschließlich als Kübelpflanzen kultiviert. Dennoch können sie zu recht ausladenden Sträuchern heranwachsen, weshalb ausreichend große Pflanzgefäße gewählt werden sollten. Da ihr Wasserbedarf recht hoch ist, besteht bei zu kleinen Töpfen zudem die Gefahr des Austrocknens.
Im Sommer ist für Orangenbäume der sonnigste Platz im Garten gerade gut genug. Nur sehr sonnenreiche Sommer bescheren dem nördlichen Mitteleuropa überhaupt eine Lichtintensität, die vergleichbar ist mit Regionen, in denen sich Orangen rundum wohl fühlen. Daher leiden die sonnenhungrigen Pflanzen in unseren Breiten ab dem Herbst unter akutem Lichtmangel. Deshalb sollte, sobald die Tage kürzer werden,

zurückhaltender gewässert und nicht mehr gedüngt werden. Andernfalls bilden sich schwache, bleiche Triebe und die Pflanzen werden anfällig für Krankheiten und Schädlinge. Wer die Pflanzen optimal auf die lichtarmen Wintermonate vorbereiten möchte, räumt Orangenbäumchen jedoch nicht zu früh ins Winterquartier, denn sie vertragen durchaus ein paar Kältegrade, wenn sie sich langsam an die sinkenden Temperaturen gewöhnen konnten und nicht eisigem Wind ausgesetzt werden. Es kommt zwar vor, dass Citruspflanzen, die leichten Frost abbekommen haben, ihre Blätter abwerfen. Sie treiben jedoch im Frühjahr wieder aus und blühen, ausgelöst durch den Frostreiz, zuweilen besonders üppig. Ausgesprochen empfindlich gegen Kälte sind allerdings die Wurzeln. Die Erde darf auf keinen Fall durchfrieren und im Winterquartier sollten die Pflanzen nicht auf kalten Steinfußböden stehen, sondern gegebenenfalls auf ein isolierendes Material (beispielsweise eine Korkplatte) gestellt werden. Das optimale Winterquartier ist sehr hell und bietet eine Temperatur zwischen 5 und 10 Grad Celsius. Für die Blütenbildung ist vor allem ausreichend Licht wichtig. Orangenbäumchen, die zu warm und zu dunkel überwintert werden, leiden und werfen ihre Blätter und eventuell vorhandene Früchte ab. Zwar treiben auch sie im Frühjahr wieder aus, aber Blüten zeigen sich erst spät und nur spärlich. Künstliche Pflanzenleuchten können dem vorbeugen. Wird auf künstliches Licht verzichtet, sollte das Orangenbäumchen an einem bedeckten Frühlingstag sein Winterquartier verlassen, damit es sich langsam wieder auf das hohe Lichtangebot einstellen kann. Alle Citrusgewächse sind schnittverträglich und lassen sich mit halbreifen, im Sommer geschnittenen Stecklingen vermehren.

BLÜTE UND ERNTE Wenn sie tatsächlich ihr eigenes Orangenbäumchen pflegen wollen, dann verlieren sie nicht die Geduld. Oft blühen die Gehölze erst, wenn sie eine gewisse Größe erreicht haben. Aus Samen gezogene Orangenbäumchen brauchen manchmal Jahre, bevor sie zum ersten Mal blühen, manche verweigern sich ganz und gar. Empfehlenswerter sind daher bereits vorgezogene, veredelte Pflanzen. Sie blühen bei uns zumeist ab Februar, der Spätsommer kann eine deutlich schwächere Nachblüte bescheren.

EMPFEHLENSWERTE SORTEN FÜR DIE KÜCHE

Bekannt sind ca. 400 unterschiedliche Orangensorten, von denen weniger als hundert kommerziell kultiviert werden. Erst in den letzten Jahren hat sich erwiesen, dass die zuvor namentlich unterschiedenen bitteren und süßen Orangen genetisch identische Kreuzungen derselben Eltern sind und es daher streng genommen nur eines einzigen botanischen Namens mit dem Kreuzungszeichen bedarf, um sie korrekt zu bezeichnen, also *Citrus x aurantium* und als Zusatz die Sorte. Eingebürgert sind allerdings die Bezeichnung *Citrus aurantium* für die Bitterorange und *Citrus sinensis* für die süße Orange.
Quasi eine Miniaturausgabe der Pomeranze ist *Citrus myrtifolia,* die sich durch kompakten Wuchs auszeichnet. Die Blüten aller anderen Citrusgewächse (Zitronen, Mandarinen, Pampelmusen etc.) sind gleichermaßen für die Blütenküche geeignet.

Veilchen

Sittsam, bescheiden und rein

Blühe liebes Veilchen,
Das so lieblich roch,
Blühe noch ein Weilchen,
Werde schöner noch.
Weißt du, was ich denke,
Liebchen zum Geschenke,
Pflück ich Veilchen dich,
Veilchen freue dich!

AUS: »DES KNABEN WUNDERHORN«,
ACHIM VON ARNIM (1781–1831)

Historisches zur Blüte

Diese winzige Blume blüht im Verborgenen. Wer das Veilchen entdecken möchte, muss seinen Kopf zum Boden neigen, um die zarten violetten Blüten genau zu betrachten. Kein Wunder also, wenn vor allem Tugenden wie Bescheidenheit und Demut mit diesen Blümchen verknüpft wurden. Aber wir verneigen uns gern vor ihnen, denn nach den langen Wintermonaten halten wir sehnsüchtig Ausschau nach den ersten Frühlingsboten und erfreuen uns an der Vielzahl zierlicher Blüten, die uns das Märzveilchen beschert.
Bereits in der Antike tauchten die ersten Legenden um die Entstehung der kleinen Blüten auf. Nachdem Hades die griechische Göttin Persephone entführt hatte, war sie dazu verdammt, ein Drittel des Jahres in der Unterwelt zu verbringen. Während dieser Zeit war die Erde unfruchtbar. Wenn die Göttin endlich wieder zur Erde emporstieg, dann blühten angeblich unter jedem ihrer Schritte zahllose Veilchen auf.
Vielleicht sind die vielen, kleinen Veilchen aber auch Nachkommen der Tochter des Atlas, die vom Sonnengott Apollon bedrängt wurde. Der Legende nach flüchtete sie vor seinen Strahlen und bat Zeus um Hilfe. Der Göttervater verwandelte das Mädchen in ein Veilchen. Seither verbirgt es sich im Schatten, bewahrt vor dem gleißenden Licht des Sonnengottes. Eine der violetten Schönheiten könnte aber auch die Tochter des slawischen Gottes Tschernebog sein, von der eine Sage erzählt, sie sei in ein Veilchen verwandelt worden und erwache nur alle zehn Jahre in der Walpurgisnacht.
All diese Geschichten erzählen davon, wie unberührte Mädchen in Veilchen verwandelt wurden. Da lag es nahe, das Veilchen auch als Sinnbild für Jungfräulichkeit und Unschuld anzusehen. Folgerichtig symbolisierte das Pflänzchen im Mittelalter auch die Tugenden der Jungfrau Maria und fehlte in keinem Klostergarten. Sein Erscheinen im zeitigen Frühjahr ließ sich auch als Gleichnis für die Wiederauferstehung deuten, verbunden mit der Hoffnung auf das Paradies. Der Name »Oes'chen« (Österchen) für das Veilchen spiegelt diesen Symbolgehalt, der auch in einigen Gegenden Frankreichs fortlebt, wo am Karfreitag traditionell Veilchen ausgesät werden.
Ob die zarten Veilchen nun verwunschene Jungfrauen sind oder nicht – abgesehen von ihrem bezaubernden Aussehen verströmen sie einen süßen Duft, dem schon in der Antike ein wohltuender Einfluss nachgesagt wurde. Veilchenduft sollte für Mäßigung sorgen, vor Trunkenheit und Kopfschmerzen schützen. Die alten Griechen pflegten ganze Veilchengärten. Bei vielen Gelegenheiten schmückten sie sich und ihre Gäste mit Veilchenkränzen. Selbst Statuen wurden bekränzt, sodass der Lyriker Pindar Athen eine »veilchenbekränzte« Stadt nannte. Mit Veilchenkränzen auf dem Kopf und um den Hals gelang es angeblich auch dem abstoßenden Feuergott Hephaistos, die schöne Aphrodite zu betören, weil sie dem lieblichen Blütenduft erlag, mit dem die Veilchen ihn umgaben. Zu späteren Zeiten erfüllten Veilchenwasser und -parfüm, aber auch Veilchenpuder diesen Zweck. Kleidungsstücke, Tücher und Perücken wurden parfümiert. Noch heute werden blumige Parfüms mit geringen Dosen von Veilchenblattöl abgerundet. In Frankreich spielte das Veilchen – abgesehen von der Parfümherstellung – eine besondere Rolle. Von der Insel Elba aus kündigte Napoleon an, mit den Veilchen nach Paris zurückzukehren. Fortan wurde das Veilchen zum Zeichen seiner Anhänger.
Als der Kaiser im darauf folgenden Jahr tatsächlich im Veilchenmonat März wieder eintraf, begrüßten ihn die Damen in veilchenfarbenen Kleidern und die Herren trugen Veilchen im Knopfloch.

b
e
d
l
c
i
h
k

Traditionelle Verwendung in der Küche

Im 18. Jahrhundert soll ein französischer Edelmann eigens eine Veilchengärtnerei gepflegt haben, um seiner Angebeteten täglich ein Sträußchen ihrer geliebten Blumen schicken zu können. Der Legende nach bereitete die Beschenkte sich allabendlich aus den verwelkten Blüten einen wohlschmeckenden Tee zur Nacht. Bereits lange vorher war das Veilchen als Gaumenfreude bekannt. Sowohl die Römer als auch die Perser labten sich an Veilchenwein. Der berühmte Kaiser Nero hatte angeblich eine Schwäche für pikantes Gletschereis. Zum Aromatisieren sollen neben edlen Gewürzen auch Veilchen und Rosenwasser genutzt worden sein. Veilchenbonbons waren im England des 15. und 16. Jahrhunderts beliebt, und kandierte Veilchen und Veilchenzucker haben eine lange Tradition in Küchen und Backstuben. Süßspeisen und Honig wurden mit Veilchen aromatisiert, die Blüten mit Mandeln und Rosenwasser zu einer Art Marzipan verarbeitet. Auch in Essig oder Öl wurden Veilchenblüten konserviert. Die kräftige Farbe der Veilchen nutzte man zum Einfärben von Speisen und Getränken. Ein Beispiel dafür ist der legendäre »Parfait Amour«, ein lilafarbener Likör, der neben anderen Blüten und Gewürzen vor allem Veilchen enthält, denen er auch seine auffällige Farbe verdankt.

Veilchenmenü

Veilchenblüten duften nicht nur entzückend, sie schmecken auch vorzüglich. Sowohl roh als auch konserviert sind die zarten Märzveilchen ausgesprochen köstlich. Roh sind sie eine beliebte Beigabe zum Salat, kandiert oder verzuckert bereichern sie vor allem Süßspeisen und Desserts. Werden die Veilchenblüten sorgfältig getrocknet, bewahren sie sowohl ihre Farbe als auch ihren charakteristischen Duft. Es lohnt sich auf jeden Fall, ihr Aroma für den Rest des Jahres einzufangen.

GETRÄNK – HEISSE SCHOKOLADE MIT VEILCHEN

Die Kombination aus heißer, zartbitterer Schokolade, kühler, süßer Sahne und duftenden Veilchen ist unvergleichlich …

1 L VOLLMILCH
200 G DUNKLE SCHOKOLADE
2 EL VEILCHENSIRUP ODER VEILCHENLIKÖR (REZEPT SIEHE »BLÜTEN IN GETRÄNKEN«)
VERZUCKERTE VEILCHENBLÜTEN (REZEPT SIEHE »BLÜTEN IN ZUCKER«)
100 ML SAHNE

Die Milch in einen Topf geben und erwärmen. Die Schokolade zerbröckeln und in die heiße Milch geben. Unter Rühren schmelzen lassen. Den Sirup oder Likör zufügen und nochmals kurz vors Kochen bringen. In vorgewärmte Tassen füllen und die steifgeschlagene Sahne als Haube auf die heiße Schokolade setzen. Mit den verzuckerten Veilchen dekorieren und sofort servieren.

VORSPEISE – ZIEGENFRISCHKÄSE MIT VEILCHEN-WALNUSS-VINAIGRETTE

Veilchenblüten verleihen jedem Frühlingssalat Aroma und Farbe. Hier wird beides noch durch den Veilchenessig verstärkt, der übrigens auch sehr gut zu Salaten mit Meeresfrüchten und zu gegrilltem Gemüse passt.

1 SCHALOTTE
50 G WALNÜSSE
2 EL VEILCHENESSIG (REZEPT SIEHE »BLÜTEN IN ESSIG«)
4 EL WALNUSSÖL
1 GESTRICHENER TL SALZ
SCHWARZER PFEFFER AUS DER MÜHLE
EVTL. ETWAS HONIG
8 KLEINE RUNDE ZIEGENFRISCHKÄSESCHEIBEN
1 HANDVOLL JUNGER VEILCHENBLÄTTER
VEILCHENBLÜTEN ZUR DEKORATION

Für die Vinaigrette die Schalotte fein und die Walnüsse grob hacken. Essig, Öl, Salz, Pfeffer und Honig miteinander verrühren und die Schalotte und die Nüsse zufügen. Den Ziegenfrischkäse auf einem Bett aus Veilchenblättern anrichten, mit der Vinaigrette beträufeln und mit den Veilchenblüten dekorieren. Dazu passen Baguette und ein leichter Roséwein.

HAUPTGERICHT – KALBFLEISCH-FRIKASSEE MIT VEILCHENBLÜTEN IN BLÄTTERTEIG

Frikassee war früher ein sehr beliebtes Gericht und in alten Kochbüchern findet man die unterschiedlichsten Rezepte und Zutaten. Bei meiner Oma gab es zu besonderen Anlässen Frikassee und wir Kinder fanden natürlich die Pasteten am besten …

750 G KALBFLEISCH (BRUST ODER SCHULTER)
1 L SALZWASSER
1 BUND SUPPENGRÜN
1 ZWIEBEL
1 LORBEERBLATT
EINIGE PFEFFERKÖRNER
250 G BRAUNE CHAMPIGNONS
40 G + 1 EL BUTTER
45 G MEHL
10 EL WEISSWEIN
2 EL VEILCHENSIRUP (REZEPT SIEHE »BLÜTEN IN GETRÄNKEN«)
2 EL ZITRONENSAFT
2 EIGELB
4 EL SAHNE
SALZ, WEISSER PFEFFER UND ZITRONENSAFT ZUM ABSCHMECKEN
BLÄTTERTEIG-PASTETEN
VEILCHENBLÜTEN ZUM GARNIEREN

Das Fleisch abspülen. Das Suppengrün putzen und grob zerkleinern, die Zwiebel abziehen und klein schneiden. Beides in einen Topf mit dem Salzwasser geben, Pfefferkörner, Lorbeer und Zwiebel zufügen und aufkochen. Das Fleisch auf kleiner Flamme etwa 1-1 ½ Stunden langsam gar kochen.
Die geputzten und in Scheiben geschnittenen Champignons in einem Esslöffel Butter andünsten und beiseite stellen. Das Fleisch aus der Brühe nehmen und etwas abkühlen lassen. Die Brühe durch ein Sieb gießen und 750 Milliliter abmessen.
Die Butter in einem Topf zerlassen. Das Mehl zufügen und unter Rühren solange darin erhitzen, bis es hellgelb ist. Die abgemessene Brühe hinzugießen und mit einem Schneebesen gut durchschlagen; dabei darauf achten, dass keine Klümpchen entstehen. Die Sauce zum Kochen bringen und etwa 5 Minuten ohne Deckel leicht kochen lassen, dabei gelegentlich umrühren. Das Fleisch klein würfeln und zusammen mit den Champignons in die Soße geben. Kurz aufkochen lassen. Weißwein, Veilchensirup und Zitronensaft hinzufügen. Die Eigelbe mit der Sahne verschlagen und vorsichtig unter das Frikassee rühren, jetzt nicht mehr kochen lassen. Das Frikassee mit Salz, Pfeffer und Zitronensaft abschmecken.
Die Pasteten mit dem Frikassee füllen, die Deckel schräg aufsetzen und mit den Veilchenblüten dekorieren. Falls Sie keine Pasteten bekommen können, servieren Sie als Beilage Reis.

DESSERT – IN PORTWEIN MARINIERTE ERDBEEREN MIT SAHNE UND VERZUCKERTEN VEILCHEN

Erdbeeren, so rot, so süß, man kann von ihnen nicht genug bekommen. Sie werden die »Königin der Beeren« genannt und sind in diesem beschwipsten Zustand einfach unwiderstehlich.

500 G ERDBEEREN
2 EL VEILCHENSIRUP (REZEPT SIEHE »BLÜTEN IN GETRÄNKEN«)
175 ML PORTWEIN
200 ML SAHNE
VERZUCKERTE VEILCHENBLÜTEN (REZEPT SIEHE »BLÜTEN IN ZUCKER«)

Die Erdbeeren waschen, trocken tupfen, entkelchen und teilen. Mit dem Sirup und dem Portwein mischen. 15 Minuten bei Zimmertemperatur und anschließend 45 Minuten im Kühlschrank ziehen lassen.
Die Sahne nicht ganz steif schlagen. Die Erdbeeren mit dem Portwein in eisgekühlten Gläsern oder auf Tellern anrichten und mit der Sahne und den verzuckerten Veilchenblüten garnieren.

Veilchen im Garten

MÄRZ- ODER DUFTVEILCHEN (VIOLA ODORATA) Duftveilchen sind Ausläufer bildende Pflanzen, die etwa fünf bis zehn Zentimeter hoch wachsen. Sie verfügen über einen häufig über der Erde verlaufenden Wurzelstock, aus dem die herzförmigen Blätter treiben und ab März blauviolette, duftende Blüten. Die Blüten stehen in den Achseln der grundständigen Laubblätter. Etwa in der Mitte trägt der drei bis sieben Zentimeter lange Blütenstiel zwei kleine Blütenblättchen, die so genannten Vorblätter. Tiefviolett gefärbt, am Grund aber weiß sind die fünf Kronblätter. Aus dem unteren Kronblatt ragen die gelben Staubblätter.

STANDORT Veilchen bevorzugen schattige bis halbschattige Plätze mit nicht zu trockenem Boden im lichten Gehölzrand, unter sommergrünen Hecken, an Bachufern und Waldrändern.

KULTUR UND PFLEGE Wenn man sie ungestört wachsen lässt, bilden Duftveilchen mit der Zeit einen dichten Teppich.
Veilchen können im Spätherbst ausgesät werden. Einmal vorhandene Pflanzen besitzen einen kriechenden Wurzelstock, bilden Ausläufer (Rhizome) und versamen sich leicht. Vorteilhaft ist ein frischer, nährstoffreicher Boden. Märzveilchen eignen sich wunderbar als bildschöner Bodendecker unter laubabwerfenden Sträuchern.

BLÜTE UND ERNTE Duftveilchen erblühen vom zeitigen bis zum späten Frühjahr. In manchen Jahren gibt es eine zweite (weniger üppige) Blüte im Herbst.
Wegen ihrer Zartheit sind die Veilchenblüten recht empfindlich. Es gibt Empfehlungen, sie nicht auf einem Tuch zu trocknen, weil Stoff angeblich den charakteristischen Duft »aufsaugt«.

EMPFEHLENSWERTE SORTEN FÜR DIE KÜCHE In seiner Zartheit und mit der kräftig violetten Blütenfarbe scheint das Duftveilchen auch ohne Sortenvielfalt einfach perfekt. Dennoch bemühten sich Züchter, Sorten hervorzubringen, die mit besonders großen Blüten an möglichst langen Stielen überzeugen. Dazu gehören *›Königin Charlotte‹* und *›Kaiserin Augusta‹*.
Leider stehen frische Veilchen nur eine kurze Zeit im Jahr zur Verfügung. Deshalb möchte ich begeisterte Blütenköche darauf hinweisen, dass auch Wilde Stiefmütterchen *(Viola tricolor)* und Gartenstiefmütterchen *(Viola hortensis)* essbar sind und für alle vorgestellten Rezepte verwendet werden können. Zwar verfügen sie nicht über das charakteristische Aroma der Duftveilchen, dafür sind sie farbenfreudiger und schenken größere Blüten.

Rose

Die Königin der Blumen

»Wenn Zeus den Blumen eine Königin hätte geben wollen, so würde er gewiss nur die Rose dieser Ehre für würdig geachtet haben. Sie ist eine Zierde der Erde, der Stolz des Pflanzenreichs, die Krone der Blumen, der Purpur der Wiesen, der Abglanz des Schönen. Sie ist der Liebe voll, im Dienste der Aphrodite, sie prangt mit duftenden Blättern, wiegt sich auf beweglichem Laub, freut sich des lächelnden Zephirs.«

ACHILLES TATIUS (3. JH. V. CHR.)

c
d
b

Historisches zur Blüte

Seit Jahrtausenden begleitet die Rose die Menschen, erfreut deren Sinne und beflügelt ihre Fantasie. Die griechische Göttin Kybele soll aus Eifersucht auf die Schönheit der Venus die Rose erschaffen haben. Wen wundert es, dass diese Blume, die schöner als eine Göttin sein sollte, zur »Königin der Blumen« avancierte, zum Sinnbild für Schönheit, Vollkommenheit und Liebe. Und wie es sich für eine Königin gehört, ranken sich seither unzählige Legenden um diese bezaubernde Blume.

Vom Streit zwischen Vishnu und Brahma um die schönste Blume berichtet ein indischer Mythos. Brahma bestand auf der Lotusblume, bis Vishnu ihm eine Rose zeigte. Als Geschenk des Himmels an die Schönheit galt die Rose im Alten Orient. Die Ägypter weihten sie ihrer Schutzgöttin von Liebe und Schicksal. Einer arabischen Legende zufolge entstand die weiße Rose aus einem Schweißtropfen des Propheten Mohammed. Die griechische Mythologie erzählt von Aphrodite, der aus dem Meeresschaum geborenen Göttin der Liebe. Als sie dem Meer entstieg, soll sich die Brandung in weiße Rosen verwandelt und um ihre Hüften geschlungen haben. Die christliche Kirche deutete weiße Rosen schließlich als Sinnbild Mariens und damit als Symbol der keuschen himmlischen Liebe. Die Jungfrau Maria erhielt Beinamen wie Rose ohne Dornen.

Doch gerade wegen ihrer Dornen verkörperte die Rose immer zugleich Verletzung und Schmerz. Anrührend erzählt eine antike Sage davon, wie die Nachtigall eine weiße Rose liebte und stürmisch umarmte. Sie verletzte sich an deren Dornen und ihr Blut färbte die Rose rot. Eine jüdische Legende weiß zu berichten, dass die Rosen ihre Farbe während des Kampfes zwischen Gut und Böse vom ersten auf Erden vergossenen Blut der Gefallenen erhielten, die auf ein Feld voller Rosen gebettet wurden. Die Römer schmückten nicht nur ihre zügellosen Feste mit Rosengirlanden, sondern auch junge Männer, die in den Krieg zogen. Im Frühjahr feierten sie den »dies rosae«, das Totenfest. Homer berichtet in der Ilias von rosenbekränzten Waffen und die Germanen bepflanzten ihre Opferplätze und Gräber mit Rosen. In den Überlieferungen spiegeln Rosen das ganze Spektrum menschlicher Emotionen. Mit ihren zauberhaften Blüten und betörendem Duft einerseits und verletzenden Dornen andererseits sind Rosen ein Gleichnis für Schönheit und Eleganz ebenso wie für Lebenslust, Verlangen, Wehrhaftigkeit und Vergänglichkeit. Auch für Verschwiegenheit standen Rosen im Altertum. Alles, was »sub rosa«, also unter der Rose, gesprochen wurde, sollte nicht nach außen dringen. Diese blühenden Naturschönheiten wurden zum Sinnbild aller Facetten der Liebe, des Begehrens und der Leidenschaft bis hin zum Tod.

Nicht nur zahllose Sagen und Märchen erzählen von der Rose. Bereits um 400 v. Chr. berichtete der griechische Geschichtsschreiber Herodot von Rosengärten in Babylonien und Thrakien, die er auf seinen Reisen bewundern konnte. Auch Konfuzius beschrieb große kaiserliche Rosengärten in Peking. Die uralte Tradition, die schönsten Rosen zu sammeln und in einem Rosarium zu vereinen, hat sich durch alle Zeiten erhalten. Eines der berühmtesten Beispiele ist die französische Kaiserin Josephine. In ihrem Garten in Malmaison sammelte sie eine Vielzahl wundervoller Rosen, deren Pracht der Maler und Zeichner Pierre-Joseph Redouté für alle Zeiten festhielt. Wie er haben sich Künstler aller Epochen von der Rose inspirieren lassen und sie auf Gemälden, in Liedern und Gedichten verewigt.

Traditionelle Verwendung in der Küche

Ihr berauschender Duft sorgte dafür, dass Rosen seit Menschengedenken als Heilmittel verwendet worden sind. Ihre ätherischen Öle wirken harmonisierend auf Körper und Geist, weshalb sie vielerorts als Stärkungsmittel galt. Doch auch als entzündungshemmendes Mittel und bei Verdauungsstörungen wurden Rosenblüten eingesetzt. Schon die alten Ägypter wussten jedoch die Rosenblüten auch als kulinarischen Genuss zu schätzen. Vor allem stark duftende Rosensorten wie die Centifolien und Gallicarosen finden im Morgenland seit Jahrhunderten in der Küche Verwendung.
Konserviert wurde das Rosenaroma vor allem als Rosenöl und Rosenwasser. In Persien blühte Jahrhunderte lang der Handel mit diesen Rohstoffen. Sehr früh wurde in vielen Gegenden auch Wein mit Rosenblüten parfümiert. Weit verbreitet ist darüber hinaus das Konservieren von Rosenblüten mithilfe von Zucker, so in Persien als »Gulkanda« oder in Indien als »Goolakund«. Honig und Marmeladen werden ebenfalls traditionell mit Rosenblüten aromatisiert und sind die Basis für viele Süßspeisen und köstliches Gebäck. Seit alters her werden Rosenblüten verschiedenen Gewürzmischungen beigegeben, beispielsweise dem marokkanischen »ras el hanout«. Zu beobachten ist im Orient auch der alte Brauch, eine Flasche Rosenwasser auf dem Tisch zu platzieren, damit jeder Gast nach Belieben seine Speisen übersprühen kann. In vielen Regionen wird Rosenwasser verwendet, um Reisspeisen eine blumige Note zu verleihen. Rosenwasser ist auch traditioneller Bestandteil des Marzipans. In Mitteleuropa ist dies die bekannteste Verwendungsart neben dem Aromatisieren von Lebkuchen. Eine Variation der Gallicarosen erhielt später sogar den Beinamen ›*Conditorum*‹ und ist bis heute als Konditorrose bekannt.
Erst seit einigen Jahren werden auch hiesige Gourmets experimentierfreudiger. Zu entdecken gibt es die vielfältigsten Geschmacksvarianten der unterschiedlichen Rosensorten, wobei der Fantasie beim Probieren kaum Grenzen gesetzt sind. Aufgrund des hohen Anteils an Duftstoffen – Rosenduft verfügt über 450 bekannte und 120 noch unbekannte Bestandteile – sollte jedoch zunächst sparsam dosiert werden. Verstärken lässt sich das Aroma nachträglich immer noch.

Rosenmenü

Erst der Duft verleiht Rosen Seele und Sinnlichkeit. Inspiriert von den verführerischen Aromen der Rose entstehen raffinierte Köstlichkeiten und exquisite Genüsse. Lassen Sie sich im Namen der Rose verführen!

GETRÄNK - INDISCHE ROSENMILCH

Das Rezept für diesen Liebestrank stammt aus Indien. Der Bräutigam reichte ihn seiner Braut bei der Hochzeit und in manchen Familien hat sich der Brauch bis heute erhalten. Dieser verführerisch köstliche Trank lässt, zu zweit genossen, bestimmt auch Ihre Herzen höher schlagen.

14 MANDELN (ODER 14 G GESCHÄLTE, GEMAHLENE MANDELN)
300 ML MILCH
1 UNGESPRITZTE DUFTROSE
1 TL MOHNSAMEN
5 SCHWARZE PFEFFERKÖRNER
¼ TL GEMAHLENER KARDAMOM
1 EL ZUCKER

Die Mandeln mit kochendem Wasser überbrühen und abziehen. Die Duftrosenblütenblätter abzupfen und den weißen Blattansatz abschneiden. Die Mandeln mit 150 ml Milch im Mixer pürieren, die Rosenblütenblätter zugeben und nochmals pürieren.
Mohn, Pfeffer, Kardamom und Zucker im Mörser fein zerstoßen. Diese Mischung unter das Mandel-Rosen-Püree rühren, mit der restlichen Milch aufgießen und nochmals pürieren. Die Rosenmilch kann durch ein Sieb gegossen werden, falls die Gewürze und Blütenblätter Sie stören. In formschöne hohe Gläser füllen. Am besten eignen sich rote Rosen, da sie der Milch nicht nur ihr Aroma, sondern auch ihre Farbe verleihen.

VORSPEISE - BLATTSALATE MIT KROSS GEBRATENER GEFLÜGELLEBER UND HIMBEER-ROSEN-VINAIGRETTE

Wenn duftende Rosen und aromatische Himbeeren unsere Sinne verzaubern, dann ist Sommer. In dieser Vorspeise harmonieren sie ganz wunderbar mit außen kross gebratener, aber innen ganz zarter Hühnchenleber.

4 EL ROSENBLUTENESSIG (REZEPT SIEHE »BLÜTEN IN SALATEN«)
6 EL NEUTRALES PFLANZENÖL
SALZ
FRISCH GEMAHLENER PFEFFER
ETWAS HONIG
3 DUFTROSENBLÜTEN
100 G FRISCHE HIMBEEREN
4 HANDVOLL BLATTSALAT

✖

400 G GEFLÜGELLEBER (ICH NEHME AM LIEBSTEN HÜHNCHENLEBER)
ETWAS MEHL
BUTTER

Für die Vinaigrette Essig, Öl, 1/2 Teelöffel Salz, Pfeffer und nach Belieben etwas Honig verrühren. Die Rosenblütenblätter von zwei Rosen abzupfen, den weißen Blattansatz entfernen und in feine Streifen schneiden. Zusammen mit der Hälfte der Himbeeren in die Vinaigrette geben und unterrühren.
Die Geflügelleber putzen, waschen, trocken tupfen und in fingerdicke Scheiben schneiden. Rundherum mit etwas Mehl bestäuben. Die Butter in einer Pfanne erhitzen und die Leber darin auf jeder Seite kross anbraten. Vorsichtig, es spritzt sehr stark! Die Leberstückchen herausnehmen, mit Salz und Pfeffer würzen und warm stellen.
Den Salat waschen, trocken schleudern und große Blätter in mundgerechte Teile zupfen. Anschließend auf Tellern anrichten, die kross gebratene Geflügelleber darauf legen und mit dem Dressing beträufeln. Mit den restlichen Himbeeren und den Rosenblütenblättern der dritten Rose garnieren.

HAUPTGERICHT – ROSENMARINIERTES HÜHNCHEN MIT HOCHZEITSREIS

Das Spannende an diesem Rosenhühnchen ist seine Geschmacksvielfalt. Der Honig gibt die Süße, der Senf und der Rosenpaprika die Schärfe, die Sojasauce das Salzige und der Rosmarin verleiht die leicht bittere Note. Um das Ganze noch zu krönen, habe ich es mit einem indischen Hochzeitsreis kombiniert. Zu Hochzeiten oder an hohen Feiertagen wird dieser Gewürzreis in Indien mit Blattgold garniert gereicht. Sie können aber auch einfach Basmatireis dazu servieren.

4 HÜHNCHENBRUSTFILETS
FEINES MEERSALZ
SCHWARZER PFEFFER AUS DER MÜHLE
3 EL ROSENHONIG (REZEPT SIEHE »BLÜTEN IN GELEES, KONFITÜREN UND HONIGEN«)
1 EL SOJASAUCE
2 TL GROBKÖRNIGER SENF
4 EL OLIVENÖL EXTRA
1 EL FEIN GEHACKTE DUFTROSENBLÜTENBLÄTTER
1 TL ROSENPAPRIKAPULVER
½ EL FEIN GEHACKTE ROSMARINNADELN

2 CM FRISCHER INGWER
1 VANILLESCHOTE
1 TL BUTTER
400 ML HÜHNER- ODER GEMÜSEBOUILLON
200 G BASMATIREIS
1 PR SAFRAN
75 G MANDELSTIFTE
½ TL GEMAHLENER KARDAMOM
75 G ROSINEN
3–4 EL ROSENWASSER (AUS DER APOTHEKE)
DUFTROSENBLÜTENBLÄTTER NACH BELIEBEN

Das Fleisch waschen, trocken tupfen und von beiden Seiten mit Salz und Pfeffer würzen. Die Zutaten für die Marinade – Honig, Sojasauce, Senf, Olivenöl, Blütenblätter, Paprika und Rosmarin – gut miteinander verrühren. Das Fleisch mit der Marinade einpinseln, in eine kleine Auflaufform legen und die restliche Marinade darübergießen. 1–2 Stunden marinieren und in den auf 180 Grad Celsius vorgeheizten Backofen schieben. Etwa 30 Minuten braten, ab und zu mit der Marinade übergießen.

Für den Hochzeitsreis den Ingwer schälen und fein reiben. Die Vanilleschote der Länge nach aufschlitzen. In einem Topf die Butter schmelzen. Ingwer und Vanille darin dünsten, bis sich das Aroma entfaltet. Anschließend die Bouillon aufgießen und den Reis mit einer Prise Safran einrühren. Alles einmal aufkochen und dann zugedeckt auf kleiner Flamme gar ziehen lassen, bis der Reis alle Flüssigkeit aufgenommen hat. Die Vanilleschote entfernen und den Reis mit einer Gabel lockern. Die Mandelstifte und den Kardamom in einer Pfanne ohne Fettzugabe leicht rösten. Vom Herd nehmen und zusammen mit den Rosinen unter den Reis heben.

Das Rosenwasser und die gezupften Rosenblüten zum Schluss hinzugeben und alles gut mischen.

Die Hühnchen zusammen mit dem Reis auf vorgewärmten Tellern anrichten und mit der Sauce beträufeln. Sofort servieren. Der sehr aromatische Hochzeitsreis kann auch solo serviert werden. Um ihn dann noch etwas aufzuwerten, können sie zusammen mit dem Rosenwasser Granatapfelkerne unter den Reis rühren. Das macht nicht nur optisch viel her, die frischen, säuerlichen Kerne geben dem Reis noch einmal einen anderen Charakter. Dazu den Granatapfel öffnen, indem Sie am Blütenkelchansatz einen Keil herausschneiden, ihn über einem Gefäß auseinanderbrechen und die Kerne entnehmen.

DESSERT – ROSEN-MARZIPANTORTE MIT VERZUCKERTEN ROSENBLÜTEN

Das kleine Glück, der krönende Abschluss? Zum Dessert verführt diese Marzipantorte mit sahnig-fruchtiger Füllung und verzuckerten Rosenblüten. Was will man mehr?

200 G WEICHE BUTTER
200 G ZUCKER
4 EIER
200 G MEHL
2 TL BACKPULVER
225 G HIMBEER-ROSEN-KONFITÜRE (REZEPT SIEHE »BLÜTEN IN GELEES, KONFITÜREN UND HONIGEN«)
300 G CRÈME DOUBLE
200 G MARZIPANROHMASSE
ETWAS SPEISESTÄRKE
KAKAOPULVER
VERZUCKERTE ROSENBLÜTEN (REZEPT SIEHE »BLÜTEN IN ZUCKER«)

Für den Rührteig die Butter schaumig schlagen und nach und nach den Zucker einrieseln lassen, bis eine gebundene Masse entstanden ist. Die Eier einzeln unterrühren. Das Mehl mit dem Backpulver mischen und ebenfalls unterrühren. Im vorgeheizten Backofen bei 175 Grad Celsius ca. 30 Minuten backen und auskühlen lassen. Den abgekühlten Kuchen zweimal waagrecht durchschneiden, sodass drei Platten entstehen. Die unteren beiden zuerst mit der Konfitüre und dann mit Crème Double bestreichen und zusammensetzen. Die obere Platte dünn mit Konfitüre bestreichen und auflegen. Die Marzipanrohmasse mit etwas Speisestärke verkneten und mit einem Nudelholz soweit ausrollen, dass die Torte damit bedeckt werden kann. Über die Torte legen und überstehende Reste mit einem scharfen Messer abschneiden. Zum Schluss leicht mit Kakaopulver bestäuben und mit den verzuckerten Rosen garnieren.

Rosen im Garten

ROSE (ROSA) Ebenso verschwenderisch, wie die Rosen mit ihren Blüten fast das gesamte Farbspektrum präsentieren, sind sie hinsichtlich ihrer Formenvielfalt. Einige von ihnen bedecken den Boden, andere wachsen zu beachtlichen Sträuchern heran, wieder andere klettern hoch hinaus.
Aus Sicht des Gärtners ist die Rose übrigens keine Blume, sondern ein Gehölz mit stacheligen oder dornigen Trieben. Sie gehört zur Familie der Rosengewächse (Rosaceae), zu der auch Erdbeeren, Himbeeren, Äpfel und Aprikosen und andere zählen.
Was alle Rosen vereint, sind die imponierenden Blüten. Die Auswahl reicht von bescheidenen ungefüllten Blüten bis hin zu gefüllten, die unzählige, dicht aneinander gedrängte Blütenblätter zieren. Nicht zuletzt zeichnen sich viele Rosen durch ihren oft intensiven Blütenduft aus. Je nach Wuchsform werden Rosen als Beet- oder Rabattenpflanzen, als Bodendecker oder Hecken, in Töpfen und Kübeln sowie als Kletterpflanze kultiviert.

STANDORT Rosen sind Sonnenanbeter. Daher gedeihen sie am besten in freier, sonniger Lage. Sie bevorzugen humusreiche, feuchte, aber gut durchlässige Böden.

KULTUR UND PFLEGE Abgesehen vom richtigen Standort ist eine gute Vorbereitung des Bodens wichtig. Da Rosen tief wurzeln, muss der Boden vor dem Pflanzen tiefgründig gelockert werden. Nährstoffarme Böden können durch Beimischen von Knochenmehl oder Humus verbessert werden. Weiterhin ist zu beachten, dass Rosen mit sich selbst unverträglich sind. Böden, auf denen bereits Rosen gestanden haben, müssen deshalb durch neue Erde ersetzt werden.
Die beste Pflanzzeit für Rosen ist der Spätherbst. Frisch gepflanzte Rosen sollten vor dem Winter mit

Komposterde angehäufelt werden, ihre Triebe mit Reisig geschützt. In rauen Regionen empfiehlt sich die Frühjahrspflanzung.
Rosen sind dankbar für eine Nährstoffgabe im zeitigen Frühjahr und eine weitere nach der ersten Blüte. Ab Juli sollte nicht mehr gedüngt werden, damit die Triebe besser verholzen und frosthärter werden. Schneiden sie verwelkte Blüten regelmäßig ab. Damit fördern sie die Nachblüte und verhindern ein Ansiedeln von Schädlingen und Krankheitskeimen. Um ihre Rosen gesund zu erhalten, betreiben Sie keine Monokulturen. Bevorzugen Sie Mischkulturen; Pflanzungen in Kombination mit Doldenblütlern wie Dill und Gewürzfenchel öffnen wertvollen Nützlingen das Gartentor. Stärkungsmittel aus diversen Pflanzenauszügen (z.B. Brennnesseln) fördern die Abwehrkräfte ihrer Rosen und beugen Krankheiten vor.
In unseren Breiten sind die meisten Rosen winterhart. In rauen Regionen sollte man ihnen einen Winterschutz angedeihen lassen. Das gilt auch für Kübelpflanzen, auf Hochstamm gezüchtete Rosen und Kletterrosen in exponierter Lage.

BLÜTE UND ERNTE Die meisten alten Gartenrosen blühen nur einmal jährlich, meist im Frühsommer, einige Sorten auch etwas später. Viele moderne Rosenzüchtungen sind jedoch öfterblühend und bringen nach der Hauptblüte bis zum Herbst immer wieder neue Blüten hervor. Pflücken Sie die Rosenblüten morgens und bei trockenem Wetter. Entfernen Sie die weißen Blütenblattansätze, die je nach Sorte bitter schmecken können. Verwenden Sie nur frische, einwandfreie Rosenblütenblätter. Ein Waschen der Blüten ist nicht notwendig. Zum Trocknen werden die Blütenblätter auf Küchenpapier ausgelegt und an einen warmen Ort gestellt.

EMPFEHLENSWERTE SORTEN FÜR DIE KÜCHE Die unüberschaubare Vielzahl der heute verbreiteten Rosensorten animierte den Autor eines Fachbuchs dazu, die Familiengeschichte dieser Pflanzengattung als »botanische Orgie« (M. Gibson) zu bezeichnen. Ich beschränke mich an dieser Stelle auf das Vorstellen von Sorten, die größten Genuss versprechen. Ausnahmslos alle Rosenblüten sind essbar, Aroma und Geschmack sind jedoch recht unterschiedlich. Als Faustregel gilt: Je intensiver der Duft einer Rose, desto besser schmecken ihre Blüten.
Portlandrosen wie ›*Rose de Rescht*‹ oder ›*Comte de Chambord*‹ gelten als ideale Rosen für Einsteiger in die Rosenküche. Traditionell zur Herstellung von Rosenöl und Rosenwasser verwendet, nehmen die Damaszenerrosen einen besonderen Platz in der Blütenküche ein. Sie verströmen einen süßen, oft etwas schweren Duft, welcher sparsam verwendet werden sollte.
Wer süßlich-blumige Düfte bevorzugt, ist auch mit Centifolien wie ›*Bullata*‹ gut beraten. Gallicarosen mit ihrem etwas würzigeren, aber dennoch süßen Duft eignen sich ebenfalls als Gaumenfreude. Empfehlenswert sind weiterhin Albarosen, die häufig leicht nach Zitronen duften. Testen Sie die Geschmacksintensität einfach aus und kreieren Sie Ihre ganz persönlichen Duftkompositionen aus verschiedenen Rosenblüten.

Lavendel

Das blaue Wunder des Südens

Oh, wie bin ich glücklich, nicht zu den unzähligen
Blüten zu gehören, die einfache Gartenbeete schmücken.
Ich laufe nicht Gefahr, in gewöhnliche Hände zu fallen,
An einem Ort bedeutungsloser Unterhaltung zu enden.
Anders als es meine Pflanzenschwestern gewöhnt sind,
Lässt mich die Natur fern von Bächen wachsen.
Ich verabscheue bearbeitete Erde und kultiviertes Land.
Ich bin wild.
Fern der Gesellschaft, ist meine Heimat die Wildnis und die Einsamkeit,
Denn ich möchte mich nie und nimmer unters Volk mischen!
Frei, ich bin frei!

LIED DES LAVENDELS, AUS: »DIE GESCHICHTE DER JUNGFRAU, STELLVERTRETERIN DER VÖGEL«, ERZÄHLUNG AUS »TAUSEND UND EINE NACHT«

Historisches zur Blüte

Lavendel umschmeichelt zuallererst mit seinem unverwechselbaren Duft. Unser Geruchssinn wird sofort angesprochen und gefangen genommen. Beim Vorbeigehen an einem Lavendelstrauch verspüren wir den beinahe unwiderstehlichen Wunsch, ihn zu berühren. Im Vergleich dazu nehmen sich seine kleinen blauen Blüten eher bescheiden aus. Begegnet man ihnen allerdings in Hülle und Fülle auf einem der berühmten Lavendelfelder in Südfrankreich, bleibt diese blaue Weite mit ihrem typischen, aromatischen Duft garantiert unvergesslich. Die Franzosen nennen den Lavendel übrigens voller Verehrung »L'or bleu«, das blaue Gold. Seit jeher fand der herzhafte Lavendelduft Liebhaber und wurde vielseitig genutzt. Im alten Ägypten balsamierte man Verstorbene mit Salben ein, die Lavendel enthielten. Die alten Römer sollen ihren Bädern Lavendelblüten zugesetzt und sich mit Lavendelessenzen parfümiert haben. Häufig wurden die Blüten auf Fußböden verstreut, um Räume mit ihrem Duft zu erfüllen. Später hatten Duftkissen und Potpourris denselben Zweck. Ein altbewährtes Hausmittel war Lavendel auch als Schutz gegen Ungeziefer.
Einige Legenden rund um den Lavendel regen eher zum Schmunzeln an, als dass man geneigt ist, ihnen Glauben zu schenken. Amüsant ist die Vorstellung, alle Wünsche eines Liebesbriefes erfüllten sich, wenn das Papier zuvor mit Lavendelblüten eingerieben würde. Unter seinem Kopfkissen versteckte Lavendelblüten sollten romantische Gefühle beim Liebsten wecken. Aber selbst wenn die Sehnsüchte unerfüllt blieben oder der Geliebte nur sanft entschlummerte, konnte Lavendel von Nutzen sein, denn sein Duft half angeblich auch gegen Liebeskummer. Ob zwischen Bettlaken verstreute Lavendelblüten tatsächlich dafür sorgen, dass sich das dort ruhende Paar niemals streitet, bleibt ebenso unbewiesen wie die Behauptung, mit Lavendel parfümierte Wäsche mache widerspenstige Männer gefügig. Weil der würzige Lavendelduft angeblich das geheime Einverständnis in der Liebe befördert, parfümierten sich dem Vernehmen nach auch Prostituierte mit Lavendel, um die Männer anzulocken. In der Provence nahmen Mädchen vor ihrer Hochzeit traditionell ein Lavendelbad. Irische Bräute trugen duftende Sträußchen am Strumpfband, was ihnen zu einer guten Ehe verhelfen sollte. Dagegen behauptete Hildegard von Bingen, Lavendel befreie von unkeuschen Gelüsten. Erstaunlich, was für unterschiedliche Wirkungen dem Lavendel zugeschrieben wurden!
Als Wundermittel rühmten auch französische Parfumeure den Lavendel und benutzten ihn spätestens seit dem 13. Jahrhundert für ihre Kreationen. Die Erfahrung zeigte, dass die Duftmischer seltener an Pest und Cholera erkrankten und die Lavendelpflücker in der Provence von Tuberkulose-Epidemien weitgehend verschont blieben. Deshalb wurde Lavendel im Mittelalter auch gegen die Pest eingesetzt.
Überhaupt hat Lavendel eine lange Tradition als Heilpflanze. Vor allem Erschöpfungszustände, Nervosität und Schlaflosigkeit wurden und werden mit Lavendel behandelt, was ihm im Volksmund den Namen »Nervenkräutlein« einbrachte. In der Naturheilkunde gilt Lavendel als eine der großen Seelenpflanzen, weil er innere Ruhe und Harmonie fördert. Als Badezusatz findet er bis heute Anwendung bei Muskelkater, Gicht, Ischias und Rheuma. Traditionell wurde er zur Wunddesinfektion und beim Behandeln von Verbrennungen eingesetzt, aber auch gegen Kreislaufbeschwerden, Kopfschmerzen und Migräne. Wie richtig unsere Vorfahren damit lagen, bestätigen aktuelle Studien zur Wirksamkeit des Lavendels. Seine Wirkstoffe hemmen Entzündungen, wirken keimtötend und wundheilend. Eine Fachjury hat den Echten Lavendel zur Heilpflanze des Jahres 2008 gekürt.

Traditionelle Verwendung in der Küche

Als vielseitiges Hausmittel frühzeitig bekannt und geschätzt, lag es nahe, dem Lavendel auch die Küche zu öffnen. Vor allem in seiner Heimat Südfrankreich findet er dort seit Langem Verwendung. Die berühmte Kräutermischung »Herbes de Provence« ist ohne Beigabe von Lavendel undenkbar. Ebenfalls aus Frankreich kommt der »Liqueur de Lavande«, ein aromatischer Lavendellikör. Alte Rezepte beschreiben die Herstellung von Lavendelwein und Lavendelwasser. Ein aus Lavendelblüten bereiteter Teeaufguss mit Honig gilt seit jeher als idealer Schlummertrunk. Das Aroma der Blüten wurde auch in Lavendelzucker konserviert, der besonders in England beliebt war.

Beim Verwenden von Lavendel in der Küche ist allerdings Fingerspitzengefühl gefragt. Die kleinen blauen Blüten sind außerordentlich aromatisch und zeichnen sich durch einen herb-würzigen Geschmack aus. Lavendel würzt stark und darf nur sehr zurückhaltend eingesetzt werden, damit die Küchendüfte verlockend bleiben und nicht Erinnerungen an den Wäscheschrank der Großmutter wachrufen. Am besten dosieren sie Lavendel ebenso sparsam wie andere geschmacksintensive Gewürzkräuter, denn mit deren Wirkung ist die des Lavendels am ehesten vergleichbar. Beispielsweise bekommen Gerichte, für die sie gewöhnlich Rosmarin verwenden, mit Lavendel eine neue Geschmacksnuance. Traditionell werden Soßen, Fischsuppen und Eintöpfe mit Lavendel bereichert. Er harmoniert mit Lammfleisch, Kaninchen und Huhn ebenso wie mit Fisch.

Doch damit sind längst nicht alle Möglichkeiten erschöpft, denn Lavendelblüten eignen sich auch als ausgefallene Beigabe zu Süßspeisen und Backwaren. Sogar an Lavendelschokolade und Lavendeleis haben sich kreative Kochkünstler bereits versucht.

Lavendelmenü

Wer Spaß am Experimentieren hat und die blauen Blüten mit Bedacht einsetzt, dem werden sich bisher ungekannte, raffinierte Geschmackswelten auftun. Sein blumiger Duft mit holzigem Unterton ist eine Quelle unendlicher Inspiration. Er macht aus altbekannten Rezepten ungewöhnliche, neue Kreationen. Holen sie mit den Lavendelblüten den Duft des Sommers und des Südens in ihre Küche!

GETRÄNK - GRAPEFRUITSAFT MIT LAVENDELZUCKER

Die Grapefruit ist eine Kreuzung aus Orange und Pampelmuse. Im Volksmund trägt sie auch häufig noch den Namen Pampelmuse. Auch wenn der Saft der rosa Grapefruit nicht ganz so sauer ist wie der der gelben, gibt ihm der Lavendelzucker das gewisse Etwas. Besonders dekorativ sieht das Glas mit einem Zuckerrand aus.

1 L FRISCH GEPRESSTER ROSA GRAPEFRUITSAFT
2–3 EL LAVENDELZUCKER (REZEPT SIEHE »BLÜTEN IN ZUCKER«)
2 EL ZUCKER ODER NOCH BESSER LAVENDELZUCKER FÜR DEN ZUCKERRAND
LAVENDELBLÜTEN ZUR DEKORATION

Für manche Getränke werden die Gläser vor dem Befüllen mit einem Zuckerrand (Crustas) versehen. Dazu zwei kleine Teller vorbereiten, einen mit etwas Grapefruitsaft und einen mit Zucker oder Lavendelzucker. Nun das Glas kopfüber zuerst in den Saft und dann in den Zucker tauchen und vorsichtig drehen. Den Zuckerrand etwas antrocknen lassen.

Den frisch gepressten Grapefruitsaft mit dem Lavendelzucker verrühren und in die vorbereiteten Gläser füllen. Mit Lavendelblüten dekorieren.

VORSPEISE - LAVENDEL-LAUCHTARTE

Die Aromen des Lavendels können auf vielfältige Weise eingefangen und entdeckt werden. Dies ist ein Rezept aus der Provence, genauer gesagt aus dem Luberon. Wer kennt sie nicht, die weiten blauen Lavendelfelder der Provence mit ihrem betörenden Duft? Verständlich, dass man ihn hier auch häufig in der Küche verwendet.

150 G MEHL
1 PR SALZ
75 G KALTE BUTTER
2 EL WASSER
500 ML SÜSSE SAHNE
1 EL GETROCKNETE LAVENDELBLÜTEN
4 STANGEN LAUCH
30 G BUTTER
SALZ
PFEFFER
3 EIER

Für den Mürbeteig Mehl, Salz, Butter und Wasser in einer Schüssel mit den Fingern mischen und rasch durchkneten. Zu einer Kugel formen, in Frischhaltefolie einschlagen und im Kühlschrank 30 Minuten ruhen lassen.
In der Zwischenzeit die Sahne in einem Topf erhitzen und, kurz bevor sie kocht, die Lavendelblüten zufügen. Vom Herd nehmen und 10 Minuten ziehen lassen.
Den Lauch waschen und in feine Ringe schneiden, dann bei milder Hitze in Butter ca. 10 Minuten dünsten. Salzen und pfeffern.
In einer Schüssel die Eier schaumig schlagen und die vorher durchgesiebte Lavendelsahne zugeben. Den Lauch daruntermischen und noch einmal abschmecken. Bei Bedarf nachwürzen.
Den Mürbeteig ausrollen und den Boden einer Tarteform damit belegen, den Rand etwas hochziehen und die Lauchmischung darübergießen. Bei mittlerer Hitze (180 Grad Celsius) im Backofen ca. 20-30 Minuten backen, bis die Masse gestockt ist. Lauwarm servieren.

HAUPTGERICHT – RINDERFILET IN LAVENDEL-THYMIAN-ROTWEIN MIT SCHALOTTEN UND KARTOFFELN

Bei diesem Gericht zieht das Rinderfilet in einer Rotweinsauce gar, ohne dass Sie es vorher anbraten müssen. Das zarte Fleisch hat ein ganz tolles Aroma. Die Kartoffeln können Sie auch schon in der Schale vorkochen und dann nur noch im Olivenöl anbraten.

1 MÖHRE
1 SCHALOTTE
500 ML ROTWEIN
1 TL SALZ
3 THYMIANZWEIGE
6 LAVENDELZWEIGE MIT BLÜTEN (3 TL GETROCKNETE LAVENDELBLÜTEN)
5 PFEFFERKÖRNER
4 SCHEIBEN RINDERFILET À 150 G

500 ML ROTWEIN
100 ML PORTWEIN
8 SCHALOTTEN
150 G BUTTER
200 ML KALBSFOND
SALZ
FRISCH GEMAHLENER PFEFFER AUS DER MÜHLE

600–800 G KLEINE KARTOFFELN (DRILLINGE)
OLIVENÖL
GROBES SALZ
THYMIAN

Die Möhre und die Schalotte putzen bzw. abziehen, zerkleinern und zusammen mit dem Rotwein und dem Salz in einem Topf aufkochen, die Kräuter und den Pfeffer dazugeben. Die Rinderfiletscheiben hineinlegen und ca. 8-10 Minuten darin ziehen lassen. Das Ganze sollte nicht mehr kochen.
In einem separatem Topf den zweiten halben Liter Rotwein mit dem Portwein und den geteilten Schalotten aufkochen und auf ein Drittel reduzieren. Den erwärmten Fond dazugeben und nach und nach die Butter einrühren. Mit Salz und Pfeffer abschmecken.
Die Kartoffeln waschen. Olivenöl in einer Pfanne erhitzen und die Kartoffeln darin unter häufigem Wenden braten, bis sie gar sind. Zum Schluss salzen und die Thymianblättchen unterrühren.
Auf vorgewärmte Teller einen Saucenspiegel gießen, die Filets halbieren und darauf legen. Die Schalotten und Kartoffeln außen herum platzieren.

DESSERT – LAVENDELHONIG-PARFAIT MIT WALNÜSSEN UND LIEBESPLÄTZCHEN

Zartschmelzendes Eis und Liebesplätzchen – früher war Lavendel nicht nur als Heil-, sondern auch als Liebespflanze bekannt. Er hilft nicht nur gegen Liebeskummer, er hat auch aphrodisierende Wirkung. Probieren Sie es aus …

6 EIGELB
2 EL HEISSES WASSER
100 G LAVENDELHONIG
100 G WALNUSSKERNE
½ TL LAVENDELBLÜTEN
200 G SCHLAGSAHNE

100 G WEICHE BUTTER
50 G LAVENDELZUCKER, ALTERNATIV EXTRAFEINER ZUCKER
175 G MEHL
1 TL LAVENDELBLÜTEN

Die Eigelbe mit dem Wasser mischen und mit dem Mixer sehr schaumig aufschlagen. Den Honig langsam einfließen lassen. Wichtig für ein Parfait ist, dass die Eigelbe mit dem Honig ganz schaumig geschlagen werden, bis eine weiße Masse entsteht. Die Walnüsse hacken, die Lavendelblüten unterheben und mithacken. Die steif geschlagene Sahne unter die Ei-Honig-Masse rühren und die Nüsse mit den Lavendelblüten dazugeben. Das Ganze in eine mit Cellofan ausgelegte Kastenform füllen und für mindestens 4 Stunden in den Gefrierschrank stellen.
Für die Liebesplätzchen die Butter mit dem Zucker cremig schlagen, das Mehl darübersieben und untermengen. Die Lavendelblüten hinzugeben und alles zu einem glatten Teig verkneten. Den Teig auf einem mit Mehl bestäubtem Brett ausrollen und Herzformen ausstechen. Die Plätzchen auf ein mit Backpapier belegtes Blech legen und bei 160 Grad Celsius backen, bis sie fest und goldgelb sind. Auf einem Rost auskühlen lassen.
Das gefrorene Parfait in Scheiben schneiden und auf Tellern mit den Liebesplätzchen zusammen anrichten. Achtung: Aufgrund seiner besonderen Konsistenz schmilzt Parfait sehr schnell.

Lavendel im Garten

LAVENDEL (LAVANDULA) Lavendel wächst als kleiner Halbstrauch von etwa 30 bis 90 Zentimetern Höhe, einige Sorten auch höher. Die ganze Pflanze verströmt einen angenehm aromatischen Duft. Lavendel gehört zur Familie der Lippenblütler (Lamiaceae), zu denen unter anderem auch Rosmarin, Thymian und Ysop zählen. An den Spitzen seiner verzweigten Äste treibt der Lavendel im Mai neue, aufrecht gerichtete Triebe mit gegenständigen, schmalen Blättern, die graugrün gefärbt sind. Die steifen Blütentriebe tragen nur am unteren Ende Blätter. Die Blütenähren am Ende dieser Triebe sind zwischen drei und fünf Zentimeter lang und setzen sich aus übereinander liegenden Blütenringen mit jeweils etwa sieben bis zehn einzelnen, kleinen, leuchtend blauen Lippenblüten zusammen. Moderne Züchtungen bieten ein Farbspektrum von dunkelviolett bis zartrosa und weiß.

STANDORT Lavendel braucht einen vollsonnigen Stand und bevorzugt durchlässige, sandige und trockene Böden.

KULTUR UND PFLEGE Lavendel kann im Frühjahr in Treibbeete oder Töpfe ausgesät werden. Das Auspflanzen erfolgt nach den letzten Nachtfrösten. Auch eine Vermehrung aus im Sommer geschnittenen Stecklingen ist möglich. Am einfachsten ist sicher der Kauf junger Pflanzen.
Echter Lavendel *(Lavandula angustifolia)* und daraus entstandene Züchtungen sowie der kräftiger wachsende Speiklavendel *(Lavandula latifolia)* sind auch in unseren Breiten ausreichend frosthart. *Lavandula stoechas* (Schopflavendel) und *Lavandula dentata* (Zahnlavendel) hingegen sind zumeist nicht winterhart. In Kübeln gepflanzter Lavendel muss mit ausreichendem Winterschutz versehen oder im Haus überwintert werden. Das Düngen ist beim Lavendel nicht notwendig, kann sich sogar negativ auswirken. Nach der Blüte sollten die Büsche um etwa ein Drittel zurückgeschnitten werden, damit sie nicht verkahlen. In rauen Lagen empfiehlt es sich, den Verjüngungsschnitt erst im zeitigen Frühjahr vorzunehmen.
Die Wirkung von Lavendelduft gegen Insekten ist ebenfalls erwiesen. Er hilft übrigens nicht nur wie bekannt gegen Motten und Blattläuse, sondern vertreibt auch Ameisen. Selbst bei Pilzbefall zeigt der Einsatz von Lavendelöl Erfolg. Besprühen sie befallene Pflanzen mit einem Aufguss aus einem Tropfen Lavendelöl auf einen Liter Wasser.

BLÜTE UND ERNTE Hauptblütezeit des Lavendels sind die Monate Juli und August, bei günstiger Witterung erfreuen die Blüten noch im September. Lavendelblüten sollten am Morgen geerntet werden, weil ihr Gehalt an ätherischen Ölen dann besonders hoch ist. Meist werden die Blütenstiele geschnitten, gebündelt und kopfüber an einem luftigen Ort zum Trocknen aufhängt. Wollen Sie die Blüten alsbald verarbeiten, können sie auch sofort mit Kelch abgezupft und ohne Stängel oder Blätter zum Trocknen ausgelegt werden. Die aromatisch duftenden Blüten versprechen einen würzigen, leicht bitteren Geschmack.

EMPFEHLENSWERTE SORTEN FÜR DIE KÜCHE Nur der Echte Lavendel *(Lavandula angustifolia)* ist für die Blütenküche geeignet. Achten sie daher bei der Pflanzenauswahl darauf, dass die entsprechenden Züchtungen vom Echten Lavendel abstammen. Alle hier vorgestellten Sorten sind Nachkommen des Echten Lavendels.
Die Blüten von ›*Pacific Blue*‹ und ›*Silver Blue*‹ leuchten im vertrauten zarten Blau. ›*Munstead*‹ wächst gedrungen und zeigt purpurblaue Blüten. ›*Hidcote*‹ blüht dunkelviolett über wunderbar silbrigem Laub. Mit weißen Blüten schmückt sich ›*Nana Albers*‹.

Nelken

Göttliche Blumen

Ich wand ein Sträußlein morgens früh,
Das ich der Liebsten schickte;
Nicht ließ ich sagen ihr von wem,
Und wer die Blumen pflückte.
Doch als ich abends kam zum Tanz
Und tat verstohlen und sachte,
Da trug sie die Nelke am Busenlatz,
Und schaute mich an und lachte.

THEODOR STORM (1817–1888)

Historisches zur Blüte

Ihre fedrigen Blüten verbreiten nostalgischen Charme und ihr würziger Duft ist sprichwörtlich. Bei Gärtnern sind Nelken beliebt, weil sie ohne große Ansprüche wachsen und gedeihen, fleißig und farbenfroh blühen. Zu den Favoriten der Floristen zählen sie ebenfalls, denn als Schnittblumen sind Nelken extrem lange haltbar.

In ihrem botanischen Namen *Dianthus* klingen das griechische »dios« (göttlich) und »anthos« (Blume oder Blüte) an, eine göttliche Blüte also. Die deutsche Bezeichnung Nelke lässt sich zurückführen auf das mittelhochdeutsche Wort für Nagel, »Negellin«, als gebräuchliche Bezeichnung für Gewürznelken, die auf die Blume übertragen wurde. So erklärt sich, warum die Nelke zum Symbol für die Passion Christi wurde, obwohl es eigentlich die an einen Nagel erinnernde Form der Gewürznelken war, die für dieses Gleichnis verantwortlich ist. Nelken finden sich auch auf zahlreichen Marienbildern, wie beispielsweise auf einem Gemälde Leonardo da Vincis, das in der Alten Pinakothek in München zu bewundern ist. Es trägt zwar den Titel »Maria mit dem Kind«, da aber Maria auf diesem Bild eine Nelke in der Hand hält, ist es bekannter unter der Bezeichnung »Madonna mit Nelke«. Auch eines der berühmtesten Gemälde von Raffael zeigt die »Madonna mit den Nelken«. Interpretiert werden die Nelken auf Mariendarstellungen als Zeichen der göttlichen Liebe.

Nachdem sie im Verlaufe der Kreuzzüge ihren Weg nach Europa gefunden hatten, hielten die Nelken Einzug in Bauern- und Klostergärten. So pflanzten die Kartäusermönche die später nach ihnen benannte Nelke an und nutzten deren seifige Bestandteile (Saponine), um rheumatische Beschwerden und Muskelschmerzen zu lindern. Im Volksglauben gab es die Vorstellung, das Abreißen eben dieser Kartäusernelken führe zu Unwettern oder Nasenbluten, wie im »Handwörterbuch des deutschen Aberglaubens« nachzulesen ist. Hingegen sollte das Mitführen von geweihten Lichtnelken vor Verblendung schützen. Vielleicht ist dieser Aberglaube der Grund für eine ganz andere Verwendungsart der Nelken.

Vermutlich erinnern Sie sich aus Kindertagen an Pan Tau, den verwandlungsfähigen Herrn, der mit Schirm, Charme und Melone durch die Welt tänzelte und die unglaublichsten Dinge erlebte. Wissen Sie auch noch, was seinen Anzug zierte? Eine weiße Nelke. Ebenso wie er trugen viele andere eine Blume im Knopfloch – die »Boutonnière«. Dabei spielte die Nelke immer eine besondere Rolle. So demonstrierten Adlige zur Zeit der Französischen Revolution ihre Unerschrockenheit, indem sie das Schafott mit einer roten Nelke im Knopfloch bestiegen. Später schmückten sich vor allem Dandys mit der Boutonnière, allen voran Oscar Wilde. Mit dem Entstehen der Arbeiterbewegung Mitte des 19. Jahrhunderts war es häufig untersagt, auf Versammlungen oder Demonstrationen rote Fahnen mitzuführen. Sozialisten und Kommunisten wichen auf die rote Nelke im Knopfloch als Erkennungszeichen aus. Auch wenn die Blume im Knopfloch ziemlich aus der Mode gekommen ist, gibt es noch immer den einen oder anderen, der sie nicht nur als Bräutigam trägt. Aus der jüngeren Geschichte ist vor allem Prinz Bernhard der Niederlande in Erinnerung, fast immer mit einer weißen Nelke am Revers.

Als portugiesische Soldaten sich im April 1974 gegen die Diktatur Caetanos auflehnten, wurden ihnen rote Nelken in die Gewehrläufe gesteckt, weshalb der unblutige Aufstand als »Nelkenrevolution« in die Geschichte einging.

Doch nicht nur politische Assoziationen weckt die Nelke. Ana Javis erklärte 1907 die rosafarbene Nelke zum Zeichen des Muttertages. In der Kultserie »Sex and the City« wurde ein Sträußchen rosa Nelken als Versöhnungsangebot überreicht. Es lebe der Gegensatz! Übrigens kündigt ein Traum von Nelken angeblich eine leidenschaftliche Liebesaffäre an.

b
a

Traditionelle Verwendung in der Küche

Verbreiteter als die Verwendung von Nelkenblüten ist zweifellos der Gebrauch von Gewürznelken in der Küche. Obwohl ihr Name etwas anderes vermuten lässt, ist die Gewürznelke nicht mit der Nelke verwandt, gehört also weder zur Gattung der Nelken noch zu den Nelkengewächsen. Gewürznelken sind getrocknete Blütenknospen des Gewürznelkenbaums, eines Myrtengewächses. Was beide gemeinsam haben ist der würzige Duft. Und da ein kräftiges Aroma kulinarischen Genuss verspricht, fanden Gewürznelken als auch duftende Nelkenblüten Eingang in die Küchen. In Südchina wird aus getrockneten ganzen Nelkenblüten ein schmackhafter Tee bereitet. Dessen Aufguss ist insofern ein Blickfang, weil die Blüte im warmen Wasser scheinbar wieder aufblüht. Nebenbei wird diesem Tee medizinische Wirkung zugesprochen. Traditionell wurden Saucen und Bier mit stark duftenden Nelken aromatisiert. Aber auch Essig und Wein verfeinerte man im Mittelalter mit Nelkenblüten. In England wurden die entsprechenden Nelken als »sops in wine«, also in Wein getränkt bezeichnet, ein Hinweis auf ihre Verwendung zum Aromatisieren von Wein. In Erinnerung an diese überlieferte Bezeichnung erhielt eine Nelkensorte den Namen *Dianthus ›Sops in Wine‹*, die in einigen auf Nelken spezialisierten Gärtnereien noch heute zu finden ist. Da sich Bier und Wein gut mit Nelkenduft aromatisieren ließen, lag es nahe, Nelkenblüten auch in Spirituosen zu konservieren. Der große Vorteil hierbei: Ebenso wie als Schnittblume in der Vase bewahren Nelken lange ihre Farbe, wenn sie in Alkohol eingelegt werden. In England wurde aus unzähligen Blütenblättern von Nelken unter Zugabe von Weißweinessig, Zimt und Muskatblüten eine Art Pickles gefertigt. Für die Zubereitung von kalten Saucen wurden die eingelegten Blütenblätter entnommen und mit Zucker und wenig frischem Essig im Mörser zerstoßen.

Nelkenmenü

Mit ihrem an die Gewürznelken erinnernden Duft waren Nelkenblüten besonders im Mittelalter eine beliebte Zutat in der Küche, doch ich denke, man sollte dieser vielseitigen Blume ein kulinarisches Revival gönnen.

GETRÄNK - RATAFIA VON GARTENNELKEN

Ratafia ist ein altes kreolisches Wort für Blüten, Blätter, Früchte und Beeren, die in Alkohol – hier war es bestimmt Rum – eingelegt wurden. Aus Orangenblüten, Rosen, Veilchen und Nelken stellte man früher die bei den Damen so beliebten Liköre her. Die beigefügten Gewürznelken verstärken während der Mazeration das Aroma der Nelkenblüten und verleihen der Ratafia einen unverwechselbaren, süßlich-herben Duft und Geschmack.

75 G DUFTENDE NELKENBLÜTENBLÄTTER VON CA. 15 GROSSEN NELKENBLÜTEN
1 L WODKA ODER RUM
5 G GEWÜRZNELKEN
1 KLEINE ZIMTSTANGE
250 G ZUCKER IN 250 ML WASSER GELÖST

Die Blütenblätter von den Nelken zupfen und die weißen, bitteren Teile entfernen. Die Blüten zusammen mit den Gewürzen und dem Alkohol in eine große Flasche oder ein Glasgefäß geben und gut verschließen. Den Ansatz mindestens einen Monat, besser zwei, im Alkohol ziehen lassen, von Zeit zu Zeit schütteln. Wenn die Blütenblätter verblasst sind, die Flüssigkeit abseihen und die Zuckerlösung zusetzen. Alles mischen und in dekorative Flaschen füllen.

VORSPEISE - AVOCADO MIT KREBS-SCHWÄNZEN UND NELKENBLÜTEN

In diesem Salat sind es vor allem die unterschiedlichen Strukturen der einzelnen Zutaten, die ihn so spannend machen: die fast cremige, butterweiche Avocado, die gekringelten knackigen Streifen der Frühlingszwiebeln, das feste Fleisch der Krebsschwänze und die filigran anmutenden Nelkenblüten.

6 EL NEUTRALES ÖL (ODER OLIVENÖL)
2 EL BLÜTENESSIG NACH WAHL (REZEPT SIEHE »BLÜTEN IN ESSIG UND SALATEN«)
1 TL SENF
1 TL ZUCKER
1 TL SALZ
SCHWARZER PFEFFER AUS DER MÜHLE
2 FRÜHLINGSZWIEBELN
2 REIFE AVOCADOS
2 EL ZITRONENSAFT
100 G KREBSSCHWÄNZE
NELKENBLÜTEN ZUM GARNIEREN

Für das Dressing Öl, Essig, Senf, Zucker, Salz und Pfeffer in einer Schüssel verrühren und mit einem Pürierstab aufschlagen.
Die Frühlingszwiebeln putzen, der Länge nach in dünne Streifen und dann quer in 5 Zentimeter lange Stücke schneiden. In eine Schüssel mit kaltem Wasser legen, damit sie sich zusammenrollen. Für 1 Stunde an einen kühlen Platz stellen.
Die Avocados halbieren, den großen Kern und die Schale entfernen, vierteln und in feine Scheiben schneiden. Anschließend sofort in Zitronensaft wenden, damit sie sich nicht verfärben.
Zum Servieren die Avocadoscheiben und die Krebsschwänze auf Tellern anrichten und die abgetropften Frühlingszwiebeln darübergeben. Die gezupften Nelkenblüten hinzufügen, das Dressing darüberträufeln und mit frisch gemahlenem schwarzen Pfeffer bestreuen.

HAUPTGERICHT - ERDBEER-KALTSCHALE MIT VERZUCKERTEN NELKENBLÜTEN

Trotz ihres würzigen Aromas eignen sich Nelkenblüten auch zum Aromatisieren von Zucker und verzuckert geben sie Kuchen und Desserts oder aber dieser Kaltschale eine delikate Note. Bieten Sie an heißen Sommertagen doch einmal eine raffinierte leichte Fruchtsuppe an, die nicht nur erfrischt, sondern mit den verzuckerten Blüten auch für optischen Genuss sorgt.

1 KG ERDBEEREN
4 EL BLÜTENSIRUP NACH GESCHMACK (REZEPT SIEHE »BLÜTEN IN GETRÄNKEN«)
250 ML ROTWEIN ODER ROTER TRAUBENSAFT ODER KIRSCHSAFT
12 VERZUCKERTE NELKENBLÜTEN (REZEPT SIEHE »BLÜTEN IN ZUCKER«)

Die Erdbeeren waschen, abtropfen lassen und entkelchen. Mit dem Sirup und dem Wein oder Saft im Mixer pürieren und kalt stellen. Das Erdbeerpüree auf Teller füllen und mit den verzuckerten Nelkenblüten garnieren. Gut gekühlt servieren.

DESSERT – KÄSEVARIATIONEN MIT SENFFRÜCHTEN UND NELKENBLÜTEN

Zum Abschluss nun kein englisches Pickles, sondern italienische Senffrüchte. Diese sind eine traditionelle italienische Spezialität (Mostarda di frutta), bei der verschiedene Früchte in einen Sirup aus Läuterzucker und Senföl eingelegt werden. Sie können im Original nur sehr schwer selbst hergestellt werden, da Senföl im Handel nicht erhältlich ist.
Ich habe schon die unterschiedlichsten Versuche unternommen, Senffrüchte herzustellen und dieses ist mein Lieblingsrezept. Es stammt ebenfalls aus Italien und der Mostarda di frutta hat eine Konsistenz wie Marmelade. Der süß-scharfe und auch fruchtige Geschmack passt ganz ausgezeichnet zu Käse und kaltem Fleisch. Die Gewürznelken sorgen für das gewisse Etwas in den Senffrüchten und unterstützen die optisch sehr reizvollen Nelkenblüten auf diesem Käsedessert.

3 GETROCKNETE FEIGEN
50 ML VIN SANTO ODER SÜSSER SHERRY
1 KG BIRNEN UND ÄPFEL GEMISCHT
300 G ZUCKER
4 EL MITTELSCHARFER SENF
2 EL ZITRONENSAFT
6 GEWÜRZNELKEN
1 PR SALZ
1 PR CAYENNEPFEFFER

Die Feigen in möglichst kleine Würfel schneiden und mit dem Vin Santo oder Sherry vermischen. Kurz stehen lassen. Die Birnen und Äpfel schälen, vierteln und entkernen. Die Früchte in kleine Würfel schneiden. Die Sherry-Feigen und die frischen Früchte mit dem Zucker in einen Topf geben und gut verrühren. 1-2 Stunden stehen lassen, bis sich der Zucker gelöst hat und im Topf Saft zu sehen ist.
Dann die Früchte aufkochen, den Senf mit dem Zitronensaft, den Gewürznelken, dem Salz und dem Pfeffer untermischen. Die Hitze reduzieren, den Deckel locker auflegen und die Früchte ungefähr 1 Stunde ganz leicht köcheln lassen. Zwischendrin durchrühren.
Anschließend die Früchte im Topf mit einem Kartoffelstampfer zerdrücken. Sie müssen nicht ganz fein sein, es soll aber eine homogene Masse werden. Noch 10-15 Minuten weiter köcheln lassen. Die Senffrüchte in heiß ausgespülte und abgetropfte Schraubdeckelgläser füllen und gleich randvoll verschließen. Sie sind mindestens ein halbes Jahr haltbar.
Dazu schmeckt Käse aller Art – vom milden Camembert bis zum kräftig schmeckenden Roquefort.

Nelken im Garten

NELKEN (DIANTHUS) Nelken sind eine Gattung aus der Pflanzenfamilie der Nelkengewächse (Caryophyllaceae). Sie wachsen als ein- oder mehrjährige Kräuter, Stauden oder Halbsträucher. Da sie vollsonnige und lufttrockene Standorte bevorzugen, sind ihre gegenständigen, schmalen Blätter häufig mit einem Wachsüberzug versehen. Nelken gibt es in einer Vielzahl von Arten und Sorten mit ganz unterschiedlichen Wuchshöhen und -formen. Ebenso vielfältig präsentieren sich die Blüten. Es gibt gefüllte, ungefüllte und halbgefüllte Nelkenblüten, die winzig klein oder auch handtellergroß sein können. Ihre Blütenblätter sind ganzrandig, gezähnt oder gefranst und verjüngen sich zum Kelch hin. Was die Farben betrifft, so dominieren neben den weißen Nelken alle erdenklichen Farbtöne aus dem Spektrum von Rot. Neben einfarbigen Blüten können zweifarbige Blütenblätter einen Rand haben, gemustert sein, mit Punkten, Streifen oder Flecken verziert, meist in kräftigem Kontrast zur Grundfarbe. Viele Nelken verströmen einen wunderbaren Duft.

STANDORT Nelken mögen es sonnig, im (Halb-) Schatten blühen sie schwächer und sind krankheitsanfälliger. Sie stellen keine besonderen Bodenansprüche und kommen selbst mit nährstoffarmen Böden gut zurecht. Wichtig ist die Durchlässigkeit. Lehmhaltige Böden sind geeignet, auf Sandböden ist eine gute Bewässerung vonnöten. Nur die Heidenelke bevorzugt saure, kalkarme Böden.

KULTUR UND PFLEGE Einjährige Nelken können zwischen Mitte Februar und Anfang März ausgesät werden. Sie benötigen eine Keimtemperatur von 15 Grad Celsius. Ab Mitte März werden die Pflänzchen vereinzelt und etwas kühler weiterkultiviert, bevor sie ab Anfang Mai ins Freiland ausgepflanzt werden. Beim Kauf mehrjähriger Gartennelken ist auf Pflanzen mit gesundem Laub zu achten. Diese Nelken sind zwar winterhart, ein leichter Winterschutz ist dennoch empfehlenswert, um Schäden zu verhindern. Gartennelken bilden meist niedrige Polster aus schmalen, silbriggrauen Blättern. Nach dem Verblühen sollten sie um etwa ein Drittel zurückgeschnitten werden, damit sie ihre kompakte Form behalten. Ältere Polster, die kahler werden oder nur noch wenige Blüten bilden, können durch Teilung im zeitigen Frühjahr oder Herbst wieder regeneriert werden.
Nelken sind ziemlich anspruchslose Pflanzen, die nur sparsam gedüngt werden wollen. Vermehren lassen sie sich mit Stecklingen von blütenlosen Trieben.

BLÜTE UND ERNTE Hauptblütezeit der duftenden Nelken sind die Monate Juni und Juli. Da der weiße Blütenansatz bitter schmeckt, werden die einzelnen Blütenblätter behutsam ausgezupft.

EMPFEHLENSWERTE SORTEN FÜR DIE KÜCHE Die bis in den Oktober reich blühende Bartnelke *(Dianthus barbatus)* verströmt einen süßen Duft und liefert den ganzen Sommer lang Blüten fürs Menü. Eine empfehlenswerte Nelke, deren Name schon Appetit macht, ist *Dianthus chinensis ›Raspberry Parfait‹*. Sie blüht himbeerrosa und duftet nach Gewürznelke. Ebenfalls ein Aroma nach Gewürznelken verbreiten die lavendelrosa blühende Nelke *›Carolyn Hardy‹* und *›Jacqueline Ann‹*, deren weiße Blütenblätter rote Flecke haben, was ihr ein imposantes Aussehen verleiht. *›Mrs. Sinkins‹* beschert weiße Blüten und *›Doris‹* schmückt sich blassrosa.
Zwei Zwerggebirgsnelken möchte ich Ihnen noch empfehlen: die rosafarbene *Dianthus ›Whatfield Can-Can‹* und *Dianthus ›Betty Norton‹* in rosa und rubinrot.

Lilien

Das Symbol der Reinheit und Unschuld

Keine Blume ist anmutiger als die Lilie,
Gemessen an der Schönheit ihrer Farben,
Der Lieblichkeit ihres Duftes und
Ihrer Tugendhaftigkeit.

BARTHOLOMAEUS ANGLICUS (13. JAHRHUNDERT)

Historisches zur Blüte

Sie ist eine auffällige Schönheit. Stolz präsentiert die Lilie eine Vielzahl formvollendeter Blüten, die etwas Erhabenes ausstrahlen. Auf den ersten Blick erscheint sie beinahe unnahbar. Wollen Japaner unerreichbare Schönheit beschreiben, nutzen sie dazu den Ausdruck »takane no hana«, der zugleich die Lilie bezeichnet. Schenken wir der griechischen Mythologie Glauben, dann verdanken wir die Lilien der Göttin Hera. Sie stillte Herkules, der jedoch so kräftig an ihrer Brust sog, dass sie ihn von sich stieß. Daraufhin ergoss sich ein gewaltiger Strahl von Muttermilch über den Himmel und es entstand die Milchstraße. Aus den Tropfen jedoch, die auf die Erde fielen, wuchsen die ersten weißen Lilien. Die Römer schrieben dieselbe Begebenheit ihrer Göttin Iuno zu, weshalb sie die Lilie auch »Rosa iunonis« nannten, Iunos Rose. Weil Aphrodite die Reinheit der Blüten und die kalte Vollkommenheit der Lilie so reizlos fand, verpasste sie ihr angeblich einen geradezu phallischen Blütenstempel.

Die Lilie zählt zu den am längsten vom Menschen kultivierten Zierpflanzen. Davon zeugen erste Abbildungen von Lilien auf Wandfriesen und einer Vase aus der Zeit um 1500 v. Chr., die bei Ausgrabungen auf den griechischen Inseln Santorin und Kreta gefunden wurden. Der griechische Brauch, Bräute mit Lilienkränzen zu krönen, veranschaulicht den Symbolgehalt der Lilie. Seit der Antike versinnbildlichen weiße Lilien vollkommene Reinheit und Schönheit. Mit ihrem strahlend weißen Schimmer stand die Lilie im Christentum als Sinnbild für die Reinheit und Unschuld der Jungfrau Maria. Dieser Bezug zum Marienkult erklärt auch den Namen »Madonnenlilie«. Später symbolisierte die weiße Lilie zugleich die unbefleckte Empfängnis der heiligen Jungfrau. Auf zahllosen Marienbildern findet sich der Engel Gabriel mit einer weißen Lilie, allerdings meist ohne den anzüglich anmutenden Fruchtstempel und die Staubgefäße.

Neben ihrer Schönheit zeichnen sich Lilien durch einen starken Duft aus, weshalb aufgebahrte Verstorbene häufig mit Lilien dekoriert wurden. Deshalb stand diese bizarre Blume symbolisch immer auch für den Tod. So erklärt sich, warum einige die Lilie noch heute eher als Friedhofsblume betrachten, was ich bedauerlich finde.

Im Mittelalter fand die Lilie Einzug in die Heraldik. Stilisierte Lilien zierten fortan diverse Szepter, Wappen, Flaggen und Königsmäntel. Besonders beliebt waren diese »Fleurs de Lis« in Frankreich, wo sie bis zur Revolution sowohl die Flagge des Königs als auch die Nationalflagge schmückten.

Für ihre anmutigen Blüten begeisterte sich offenbar auch der Astronom Karl Wilhelm Reinmuth und nannte einen von ihm 1924 entdeckten Asteroiden kurzerhand »Lilium«. Ebenso begeistert feiert die italienische Stadt Nola jährlich ein Lilienfest (Festa del Giglio) mit einer farbenprächtigen Kostümprozession. Welch verlockender Gedanke, mit dem Verzehr weißer Lilien von den Gaben einer griechischen Göttin zu kosten! Die Vielzahl der Sorten lädt jedoch ein, in allen weiteren denkbaren Farben und unterschiedlichsten Formen zu schwelgen – von der strahlend weißen Madonnenlilie bis zur kräftig orangerot gefärbten Tigerlilie.

Traditionelle Verwendung in der Küche

Lilien sind zunächst als Heilpflanzen verwendet worden. Im antiken Griechenland wurden daraus schmerzstillende Salben bereitet. Im europäischen Raum empfahl Hildegard von Bingen den Einsatz bei oberflächlichen Verletzungen.

Während die Lilie in westlichen Kulturen fast ausschließlich als Schnittblume verbreitet ist, wird sie anderswo – vor allem in fernöstlichen Ländern – weit vielseitiger genutzt. Ganz selbstverständlich landet die

Lilie dort im Kochtopf oder im Wok. Denn abgesehen vom Stamm sind sämtliche Teile fast aller Lilien essbar. Ein absoluter Klassiker ist die Lilie in der chinesischen Küche. Auch der Genuss von Taglilien hat dort seit jeher Tradition. In Asien kommen auch die Zwiebeln der Lilie auf den Tisch. Sie sind reich an Stärke und schmecken je nach Art süßlich bis leicht bitter. Grundnahrungsmittel waren Lilienzwiebeln für einige Indianerstämme in Nordamerika.
Knospen und Blütenblätter der Lilie überraschen mit einem Aroma von Zuckererbsen, gefolgt von einem leicht pfeffrigen Nachgeschmack. Reisgerichte wie auch Suppen und Saucen profitieren von ihrem würzigen Aroma. Frische Blüten im Salat sind nicht nur »Hingucker«, sondern auch Geschmackserlebnis. Wer es nicht übers Herz bringt, die aparten Lilienblüten zu ernten, dem sei die Taglilie empfohlen. Wie ihr Name schon verrät, halten deren Blüten nur einen einzigen Tag. Dafür ist die Staude ausgesprochen blühfreudig und sorgt den ganzen Sommer täglich aufs Neue für wunderschöne Blüten, die denen der Lilie sehr ähneln. Bei den Taglilienknospen variiert der Geschmack je nach Sorte von herb bis süß. Die Blüten haben Biss und versprechen einen nussartigen Geschmack. Taglilien sind eine echte Alternative, können sie doch in der Küche genauso verwendet werden wie Lilien. »Goldene Nadeln« nennen die Chinesen übrigens die getrockneten Knospen von Lilien oder Taglilien und nutzen sie als Beigabe zu zahlreichen Wok-Gerichten und Suppen. Sie sind etwa fünf bis acht Zentimeter lang, haben einen delikaten Geschmack und sind äußerst nahrhaft. Lilienblütenknospen duften ein wenig nach Moschus und geben den Speisen ein ganz eigenes Aroma, das sich durch nichts ersetzen lässt. Sie spielen vor allem in der vegetarischen Küche eine Rolle, dienen aber auch der Geschmacksverfeinerung von Fisch, Schwein und Geflügel. Die Knospen werden getrocknet angeboten und müssen daher zuerst für 1–2 Stunden in Wasser eingeweicht werden, dann die harten Enden abschneiden. Sie können entweder pfannengerührt oder langsam mitgekocht werden. Das Aroma getrockneter Taglilienknospen ist nicht so intensiv wie das der frischen Blüten – sie können also etwas großzügiger verwendet werden. Optisch besonders reizvoll ist es, wenn die eingeweichten Blütenblätter zu Schleifen geknotet und in dieser Form der Suppe beigegeben werden.

Lilienmenü

Lilien und Taglilien gehören mit zu den köstlichsten essbaren Gartenblumen. Die frischen Blüten auf dem Teller sind nicht nur lecker, sondern im wahrsten Sinne des Wortes ein Augenschmaus. Wenn sie experimentierfreudig genug sind, werden diese Blüten zugleich ihre Sinne bezaubern und ihren Gaumen verwöhnen.

GETRÄNK – LILIENBLÜTE IN PERLENDEM CHAMPAGNER

Eine echte Blüte, die im prickelnden Champagner ihre ganze Schönheit entfaltet.

PRO GLAS EINE LILIEN- ODER TAGLILIENBLÜTE
CHAMPAGNER

Zuerst die Blüte auf Unversehrtheit prüfen und den Stempel in der Mitte vorsichtig entfernen. Die Blüte in ein Glas stellen und mit Champagner aufgießen. Falls die Blüte mit den Perlen aufsteigt, beschweren Sie sie am besten mit einem Glasstab.

VORSPEISE - BOUILLON MIT TAGLILIENBLÜTEN

Die Bouillon ist eine klare Brühe, die mit verschiedenen Einlagen serviert werden kann. Sie ist ein erstklassiger Auftakt für ein feines Menü, aber auch eine perfekte Zwischenmahlzeit. Für ihre Zubereitung kocht man in der Regel Kalbs-, Rinder- oder Hühnerfleisch aus, oder aber Gemüse oder Fisch. Anschließend wird sie geklärt und entfettet, sodass eine helle Flüssigkeit entsteht. Doch ihre Transparenz ist trügerisch, denn sie hat Kraft, ein berauschendes Aroma und einen intensiven Geschmack. Zu den Taglilien harmoniert meiner Meinung nach am besten eine Geflügelbouillon.

3,5 L WASSER
1 BUND SUPPENGRÜN (MÖHRE, LAUCH, PETERSILIENWURZEL UND SELLERIE)
1 KÜCHENFERTIGES SUPPENHUHN (CA. 1½ KG)
1 ZWIEBEL
1 BUND GLATTE PETERSILIE
1 TL SALZ
EVTL. 1 STÜCK ZIMTSTANGE
SALZ UND PFEFFER ZUM ABSCHMECKEN
PRO PERSON 3 TAGLILIENKNOSPEN UND EINE BLÜTE ZUR DEKORATION

Zuerst das Suppengrün vorbereiten. Die Möhren, den Knollensellerie und die Petersilienwurzel schälen und klein schneiden, vom Lauch die Außenblätter und das Wurzelende entfernen und in dicke Ringe schneiden. Die Zwiebel abziehen.

Das Suppenhuhn unter fließend kaltem Wasser abspülen und alle Zutaten außer den Lilien in den Topf geben. Kaltes Wasser zugießen, bis die Zutaten bedeckt sind. Langsam erhitzen, aber noch nicht kochen lassen. Den nun aufsteigenden Schaum mit einer Schaumkelle abschöpfen. Den Vorgang öfters wiederholen, damit die Suppe nicht trübe wird. Zum Kochen bringen und bei geringer Hitze 2-2 ½ Stunden köcheln lassen. Je länger sie köchelt, desto kräftiger wird sie.

Die Bouillon anschließend durch ein Sieb gießen, evtl. das Fett abschöpfen und mit Salz und Pfeffer abschmecken. Die Taglilienknospen kurz in die noch einmal aufkochende Bouillon geben, sofort heiß servieren, wobei auf jedem Teller 3 Knospen liegen. Mit einer Blüte dekorieren.

Falls Sie keine frischen Taglilienknospen und -blüten zur Verfügung haben, können Sie die im Handel zu beziehenden »Goldenen Nadeln« verwenden.

Tipp: Zum Entfetten der Bouillon Küchenpapier über die Oberfläche der heißen Bouillon ziehen oder sie erkalten lassen und das fest gewordene Fett mit einer Schaumkelle abheben. Entfettete Bouillon hält sich tiefgefroren bis zu 6 Monaten. Wenn das Hühnchenfleisch noch nicht zu stark ausgekocht ist, können Sie es gut anderweitig, z. B. in einem Geflügelsalat, verwenden.

HAUPTGERICHT – MARINIERTES SCHWEINEFILET MIT TAGLILIEN-KNOSPEN UND SÜSSKARTOFFELN

Hier ist es Ingwer, der zusammen mit dem Aroma von Taglilienblüten für eine besonders schmackhafte Zubereitungsart von Schweinefilet sorgt. Aber auch die Süßkartoffeln bieten ein Geschmackserlebnis, das sich sehr einfach zubereiten lässt und auch als Beilage zu einem Salat passt.

50 G FRISCHER INGWER
2 KNOBLAUCHZEHEN
500 G SCHWEINEFILET
3 EL PFLANZENÖL
5 FRÜHLINGSZWIEBELN
150 G ZUCKERSCHOTEN
3 EL SOJASAUCE
2 EL SHERRY
20 TAGLILIENKNOSPEN, BLÜTEN VON 4 TAGLILIEN
FRISCHE TAGLILIENBLÜTEN ZUM GARNIEREN

✖

4 SÜSSKARTOFFELN
2 GRÜNE ODER ½ ROTE CHILISCHOTE
3 EL SOJASAUCE
2 EL LIMETTENSAFT
ABGERIEBENE SCHALE VON 1 UNBEHANDELTE LIMETTE
1 FEIN GERIEBENE KNOBLAUCHZEHE
1 TL BRAUNER ZUCKER
SALZ
PFEFFER

Den Ingwer schälen und fein reiben, den Knoblauch fein hacken. Das Filet in ca. 1 Zentimeter dicke Scheiben schneiden und mit dem Knoblauch und Ingwer in eine Schüssel geben. 1 Esslöffel Öl hinzufügen, gut umrühren und zum Marinieren 30 Minuten stehen lassen.

Die Frühlingszwiebeln in 2-3 Zentimeter lange Stücke schneiden und längs halbieren. Das restliche Öl im Wok oder einer hohen Bratpfanne erhitzen. Die Frühlingszwiebeln und die Zuckerschoten dazugeben und 30 Sekunden unter Rühren garen. Das Schweinefleisch mit dem Ingwer und Knoblauch hinzufügen und 2 Minuten unter Rühren braten. Sojasauce und Sherry dazugeben und weitere 2 Minuten garen. Dann erst für einen kurzen Moment die Taglilienknospen und -blüten dazugeben und erwärmen. Mit frischen Taglilienblüten garnieren.
Falls Sie keine frischen Taglilienknospen und -blüten zur Verfügung haben, können Sie auch hier die im Handel zu beziehenden »Goldenen Nadeln« verwenden, die zuvor eingeweicht werden und längere Zeit mitgeschmort werden müssen.
Für die Süßkartoffeln den Backofen auf 200 Grad Celsius vorheizen. Die Kartoffeln gut waschen, aber nicht schälen. Auf ein Backblech legen und im Ofen garen, bis sie sich mit einer Messerspitze einstechen lassen. Da Süßkartoffeln eine kürzere Garzeit haben als Ofenkartoffeln, nach 30-40 Minuten, je nach Größe der Knollen, eine Garprobe machen.
In der Zwischenzeit die Chilischoten waschen, halbieren, entkernen und fein würfeln. Mit den anderen Zutaten zu einer Marinade vermischen und erwärmen, bis sich der Zucker aufgelöst hat. Es sollte ein Hauch von Süße vorhanden sein, aber nicht zu viel, da auch die Süßkartoffeln Süße beisteuern. Die Süßkartoffeln aus dem Backofen nehmen und halbieren. Die Schnittflächen mit Salz und Pfeffer bestreuen und mit der Marinade beträufeln.

DESSERT – OBSTTÖRTCHEN MIT GEFÜLLTER LILIENBLÜTE

Verführerisch – ein Bett für Früchte und Cremes. Torteletts sind wirklich schnell gemacht und man kann sie auf Vorrat backen (Rezept für 8–10 Torteletts). In gut schließenden Blechdosen halten sie sich mehrere Wochen.

100 G ZUCKER
200 G KALTE BUTTER
300 G MEHL
1 EI
BUTTER ZUM EINFETTEN
HÜLSENFRÜCHTE ZUM BLINDBACKEN

200 ML SCHLAGSAHNE
1 TL BLÜTENZUCKER NACH WAHL ODER BOURBON-VANILLEZUCKER
8 LILIENBLÜTEN
FRÜCHTE NACH WAHL
APRIKOSENKONFITÜRE ZUM GLASIEREN

Für den Mürbeteig die Zutaten schnell miteinander verkneten und zu einer Kugel geformt in Folie verpacken und für 30 Minuten kalt stellen. Inzwischen die Tortelett-Förmchen mit Butter auspinseln und gleichmäßig mit Mehl einstäuben. Dann die Teigkugel nochmals durchwalken und auf einer bemehlten Arbeitsfläche dünn ausrollen und die Förmchen damit auskleiden. Mit Backpapier oder Alufolie auslegen und mit Hülsenfrüchten beschweren. Im 200 Grad Celsius heißen Ofen 15 Minuten backen. Die Hülsenfrüchte entfernen und das Papier abnehmen. Die Torteletts aus den Förmchen lösen und auf einem Kuchenrost auskühlen lassen.
Die Sahne mit dem Blüten- oder Vanillezucker steif schlagen und den Stempel der Lilienblüten entfernen. Die Torteletts mit vorbereitetem Obst nach Wahl belegen und des schöneren Glanzes wegen mit Aprikosenkonfitüre überziehen. Die Lilienblüten mit der Sahne füllen und auf die Torteletts legen. Je mehr unterschiedliche Obstsorten und Blütenfarben sie haben, desto spektakulärer sieht das Dessert aus. Aufgrund ihrer besonderen Kombination von Aromen eigenen sich Lilien- und Taglilienblüten nicht nur für süße Füllungen. Als »Cocktail-Häppchen« bezaubern sie zum Beispiel mit einer herzhaften Füllung aus Frischkäse und Lachs oder aus Walnüssen und Gorgonzolacreme.

Lilien und Taglilien im Garten

LILIEN UND TAGLILIEN (LILIUM UND HEMEROCALLIS) Alle Lilien sind ausdauernde Zwiebelstauden mit Wuchshöhen von 15 bis über 200 Zentimetern. Der meist unverzweigte Spross wächst aufrecht und trägt schmale, glänzende Blätter, die in Spiralen oder zerstreut angeordnet sind. Die Blüten stehen einzeln, in Trauben, Rispen oder Dolden. Die großen und auffälligen Blüten der Lilien überraschen in ihrer Formenvielfalt und einer schier unerschöpflichen Farbpalette. Einige Sorten sind überdies wunderschön gezeichnet. Lilienblüten setzen sich aus sechs Blütenblättern zusammen und besitzen ebenso viele Staubblätter. Am bekanntesten sind sicher die trichterförmigen Lilienblüten. Andere Arten entwickeln eher schalenförmige Blüten. Bei einigen Lilien rollen sich die Blütenblätter so weit nach hinten ein, dass sich ihre Spitzen am Stängel wieder treffen. Das Aussehen dieser Blüten erinnert an einen Turban, warum die entsprechenden Sorten auch als Türkenbund-Lilien *(Lilium martagon)* bezeichnet werden. Die meisten Lilien verfügen über einen starken Duft; bei manchen von ihnen wird dieser als eher unangenehm empfunden. Gattungskennzeichen der Lilien ist die Zwiebel mit überlappenden Schuppen. Botanisch gehören die Lilien

zur Familie der Liliengewächse (Liliaceae). Trotz ihrer Namensverwandtschaft und einer auffallenden Ähnlichkeit der Blüten ist die Taglilie keine Schwester der Lilie und zählt daher nicht zu den Lilien-, sondern zu den Spargelgewächsen. Während Lilien Zwiebeln besitzen, entwickeln die Taglilien Wurzeln. Taglilien sind wüchsige, reich und ausdauernd blühende, anspruchslose, langlebige Stauden mit grasartigem, teils dekorativem Laub. Die Blütenfarben der verschiedenen Sorten und insbesondere der vielen Hybriden variieren von gelb, orange, lavendel, rosa, über rot bis hin zu braun. Taglilien erreichen Höhen zwischen 30 und 150 Zentimetern.

STANDORT Lilien lieben einen sonnigen Standort, ihr Fuß sollte jedoch beschattet bleiben. Die meisten von ihnen bevorzugen einen durchlässigen, humosen Boden. Eine Ausnahme bildet die Tigerlilie, die einen feuchten, sauren Boden wünscht. Wurzeldruck von anderen Pflanzen sollte vermieden werden.
Taglilien sind bedeutend anspruchsloser. Sie wachsen in Sonne, Halbschatten, sogar im Schatten, ohne übermäßige Bodenansprüche zu stellen. Einzig in trockenen Sandböden kommen sie nicht richtig voran.

KULTUR UND PFLEGE Lilienzwiebeln sollten feste Schuppen haben, keine Wurzeln austreiben und keinerlei Anzeichen von Fäulnis zeigen. Bei offenem Boden können Lilienzwiebeln vom September bis zum März gepflanzt werden. Nur für die Madonnenlilie *(Lilium candidum)* wird eine Pflanzung zwischen August und Ende September empfohlen.
Sind die Lilien verblüht, beginnt der Stiel mit dem Laub abzusterben und sollte knapp über dem Boden abgeschnitten werden.

Lilien aus Samen zu ziehen, erfordert viel Zeit und Geduld. Der Aufwand lohnt sich nur für Liebhaber, die neue Sorten züchten wollen. Einfacher ist das Vermehren durch Abnehmen und Verpflanzen der so genannten Stängelbulben, kleiner Brutzwiebeln, die sich am Stängelansatz ausbilden. Einige Lilien bilden auch so genannte Achselbulben in den Blattachseln des Stieles aus, welche herabfallen und nach mehreren Jahren zu eigenständigen Pflanzen heranwachsen.
Einmal eingewachsen erfordern Taglilien kaum Pflege und werden von Jahr zu Jahr schöner. Genau deshalb nannte der berühmte Potsdamer Staudengärtner Karl Foerster sie die »Pflanze des intelligenten Faulen«. Überdies sind sie ausgesprochen widerstandsfähig gegenüber Krankheiten und Schädlingen.
Vermehrt werden Taglilien über Wurzelstockteilung. Um ihre Wuchskraft zu erhalten, sollte die Staude alle zwei bis drei Jahre im Frühjahr geteilt werden.

BLÜTE UND ERNTE Bei guter Sortenwahl können von Ende Mai bis Anfang September blühende Lilien in variablen Höhen und Farben im Garten und einige von ihnen natürlich in der Blütenküche erfreuen. Hauptblütezeit der Taglilien sind die Monate Juni, Juli und August. Ausgewählte Sorten blühen bereits im Mai, andere verwöhnen bis in den Herbst hinein mit Blüten. Erwähnenswert ist, dass einige Taglilien ihre Blüten erst am späten Nachmittag öffnen und am nächsten Morgen wieder schließen.

EMPFEHLENSWERTE SORTEN FÜR DIE KÜCHE

Die Madonnenlilie *(Lilium candidum)* duftet nach Honig. *Lilium longiflorum ›White Queen‹* blüht ebenfalls weiß und verströmt zarten Jasminduft. Weiß und pink blüht die fruchtig duftende Königslilie *(Lilium regale)*. Unbedingt empfehlenswert sind auch die rosarote *Lilium ›Egypt‹* und die purpurfarbene Trompetenlilie *(Lilium Aurelianense-Hybride ›Black Dragon‹)* mit ihrem süßen Duft. In der chinesischen Küche werden auch gern die Blüten der Tigerlilie *Lilium lancifolium* (syn. Lilium tigrinum) verwendet.
Eine der wohlschmeckendsten Taglilien ist *Hemerocallis ›Sammy Russel‹*. Ebenfalls für die Blütenküche geeignet sind die manchmal bis in die Adventszeit hinein blühende *Hemerocallis ›Superstella‹* und die niedrigwüchsige, früh blühende Sterntaglilie *Hemerocallis minor*. Einige besonders stark duftende Taglilien seien ebenfalls empfohlen. Intensiv nach Zitronen duftet die hellgelb blühende *Hemerocallis ›Citrina‹*. Ihren süßen Geschmack entfaltet sie erst nach dem Trocknen. Ebenfalls nach Zitrone duftet die goldfarbene *›Golden Peace‹*. Einen süßen Duft verströmen die burgunderrot blühende Taglilie *›Persian Shrine‹* und die apricotfarbene *›Psalter and Harp‹*. Honigduft verbreitet die weiße *›Gentle Shepard‹*. Wer gern kräftige Farben mag, dem seien die purpurne Taglilie *›Pardon Me‹* und die lilafarbene *›Angel Artistry‹* ans Herz gelegt. Die intensiv duftende *Hemerocallis lilioasphodelos* ist zwar ebenfalls essbar, verursacht aber bei einigen einen unangenehmen Nachgeschmack, weshalb ich von ihrem Verzehr eher abrate.

Pelar-gonien

Ein heimeliges Gefühl der Geborgenheit

Wenn ich unten runtersehe,
sehe ich grade auf Mutters Blumenbrett:
ein Topf Goldlack, zwei Töpfe Levkoyen, eine Geranie
und mittendrin, zierlich in einem Cigarrenkistchen,
ein Hümpelchen Reseda.
Wie das riecht? Bis zu mir rauf!
Und die Farben!
Jetzt! Wie der Wind drüber weht!
Die wunder, wunderschönen Farben!
Ich schließe die Augen. Ich sehe sie noch immer.

AUS: »PHANTASUS«, ARNO HOLZ (1863–1929)

Historisches zur Blüte

Zahlreich und farbenfroh grüßen ihre Blüten meist von Balkonen und Fenstersimsen. Manchmal steht irgendwo in Südeuropa ein Topf mit völlig trockener Erde, in dem erstaunlicherweise dennoch etwas blüht. Häufig sind es Pelargonien, die selbst widrigsten Umständen trotzen und fleißig Blüten treiben. Fälschlicherweise werden sie nach wie vor oft Geranien genannt, doch dazu später. Ohne sich um ihren Namen zu scheren, nutzten Stämme in Südafrika, wo die Pelargonien beheimatet sind, die Pflanzen seit jeher als Heilmittel. Traditionell wurden sie gegen Durchfall, zur Linderung von Bauchschmerzen und bei Menstruationsbeschwerden angewandt. Bis nach Europa sprach sich die Wirkung einer bestimmten Pelargonie herum. Bei den Zulus heißt die Pflanze »UmKhulane«. Berichtet wird von dem an Tuberkulose erkrankten britischen Major Charles Stevens, der 1897 nach Südafrika reiste, wo ein Medizinmann der Zulus ihn monatelang mit dem Absud einer Pelargonie behandelte, bis seine Tuberkulose schließlich ausgeheilt war. Mit den Wurzeln dieser Pelargonie im Gepäck kehrte er nach England zurück und machte sie dort als Heilmittel bekannt. Erst lange später konnte herausgefunden werden, dass es sich um die Wurzel der unter dem botanischen Namen *Pelargonium sidoides* bekannten Pflanze handelte. Bis heute ist der

Wurzelauszug unter dem Namen Umckaloabo in Apotheken erhältlich. Umckaloabo stärkt das Immunsystem, wirkt entzündungshemmend, antibakteriell und verflüssigt Sekretansammlungen. Erfolgreich angewandt wird der Extrakt bei grippalen Infekten, Bronchialerkrankungen und Mittelohrentzündungen und ist nachgewiesenermaßen gerade bei Infekten im Kindesalter hochwirksam. So wie diese Pelargonie gelangten rund 200 Jahre zuvor die ersten Pelargonien auf dem Seeweg aus Südafrika, genauer vom Kap der Guten Hoffnung, nach Europa. Waren es zunächst holländische Schiffsärzte, die stets auf der Suche nach exotischen Pflanzen für die botanischen Gärten daheim waren, begeisterten sich in den Folgejahren vor allem die Engländer für Pelargonien. Bei der Vielzahl von Pelargonienarten ist nicht leicht nachzuvollziehen, wann welche Pelargonien in Europa bekannt wurden. Am interessantesten für die Blütenküche sind die besonders wohlriechenden unter ihnen, die so genannten Duftpelargonien, denn sie versprechen den größten Genuss. Belegt ist, dass William Bentinck um 1690 *Pelargonium capitatum,* die Rosenpelargonie einführte. Aus Rosenpelargonien wird traditionell ein ätherisches Öl gewonnen, nach wie vor meist »Geraniumöl« genannt. Die zweite gängige Bezeichnung »Rosengeraniumöl« weist deutlicher auf den rosenähnlichen Duft dieses Öls hin. Da es zudem ähnlich wirkt wie Rosenöl, war und ist Geraniumöl eine preiswerte Alternative zu echtem Rosenöl. Die Aromatherapie wendet es bei Stress und depressiven Verstimmungen an. Eine japanische Studie kommt zu dem Schluss, Geraniumöl könne Kommunikation positiv beeinflussen und sein Duft Geschäftspartner zu schnelleren Entscheidungen veranlassen. Ein humorvoller Österreicher hat daraufhin einen alten Brauch in Kärnten, bei dem Männern zu ihrer Hochzeit ein Sträußchen Rosenkraut (die hier übliche Bezeichnung für Rosenpelargonien) ins Knopfloch gesteckt wird, dahingehend interpretiert, das Sträußchen helfe vermutlich beim Ja-Sagen.

Seit mehr als 300 Jahren in Europa bekannt, erleben Duftpelargonien gerade eine erstaunliche Renaissance. Eine auf diese aromatischen Überlebenskünstler spezialisierte Gärtnerin hat achtzig verschiedene Duftrichtungen zusammengetragen. Damit versteht sich von selbst, dass hier unmöglich die ganze Palette der Düfte aufgezeigt werden kann. Neben den bekannten Rosen- und Zitronenpelargonien gibt es heute auch solche, die nach Cola, Ingwer oder Muskat duften. Was sie alle gemeinsam haben: Diese Pelargonien fallen zuallererst durch ihren betörenden Duft auf, der sich noch verstärkt, wenn man über ihre Blätter streicht oder die Pflanzen bewegt. Im Vergleich zu ihren Schwestern auf den Balkonen sind die Blüten der Duftpelargonien kleiner und nicht ganz so reich gesät. Diesen »Makel« macht das kräftige Aroma ihrer Blätter allemal wett. Doch nicht nur unser Geruchssinn wird angesprochen. Die Blätter der Duftgeranien laden dazu ein, sie zu berühren. Einige fühlen sich an wie Samt, andere erinnern eher an Wildleder oder weiche Wolle. Die englische Malerin und passionierte Gärtnerin Gertrude Jekyll nannte die Blätter der Pfefferminzpelargonie »Elfendeckchen«. Ist es nicht eine wunderbare Vorstellung, wie kleine Elfen sich mit diesen weichen, samtenen Blättchen zudecken und in ihren Duft gehüllt einschlummern?

Traditionelle Verwendung in der Küche

Zweifellos hielten Duftpelargonien bereits vor langer Zeit Einzug in die Küche, schon weil sie mit so vielen verschiedenen kräftigen Aromen locken. Im Orient wird ein aus Duftpelargonien gefertigtes Blütenwasser in der Küche ebenso verwendet wie Rosenwasser. Bekannt ist auch das Bereiten von Tees aus Pelargonienblättern und -blüten. Überlieferungen zu weiteren Rezepten wie bei vielen anderen Blüten sind jedoch kaum zu finden. Dessen ungeachtet wurden die Duftpelargonien in den letzten Jahren für verschiedene kulinarische Köstlichkeiten (wieder-) entdeckt. Abhängig vom jeweiligen Aroma sind sie geeignet, unterschiedlichste Speisen zu bereichern oder abzurunden. Dabei gilt: Kräftige Aromen, wie sie die Duftpelargonien mitbringen, sollten zunächst sparsam dosiert werden. Wie bereits erwähnt, ähnelt das aus Rosenpelargonien gewonnene ätherische Öl dem Aroma von Rosenöl sehr. Teilweise wird Rosenöl mit Geraniumöl »gestreckt«. Unschwer zu erraten, dass dieses Öl eine Alternative überall dort bietet, wo Rosenaroma erwünscht ist. So lassen sich beispielsweise Konfitüren und Gelees mit Rosenduft aromatisieren, indem Blüten und Blätter der Rosenpelargonie oder eben Geraniumöl zugegeben werden. Ähnlich verhält es sich mit Zitronenpelargonien. Ihre frischen Blüten und Blätter besitzen ein leichtes Zitronenaroma. Ist der Duft nach Zitrone und frischer Geschmack gefragt, sind die Blüten und Blätter dieser Pelargonien die richtige Wahl. Sie können Backwaren wie auch Fischgerichte mit einer herb-frischen Note versehen. Überzuckert eignen sich die Blüten und Blätter zum Garnieren und für Desserts.

Pelargonienmenü

Wie schon gesagt, verströmen bei den Pelargonien vor allem die Blätter einen himmlischen Duft, und zwar besonders, wenn man an ihnen reibt. Die Blüten variieren in Farbe und Größe und sind sehr dekorativ. So vielfältig wie die Aromen der Duftpelargonien, so vielseitig sind ihre Verwendungsmöglichkeiten in der Küche. Lassen sie ihrer Fantasie freien Lauf. Verfeinern sie Obstsalate mit Blüten von Aprikosen- oder Pfirsichpelargonien, geben sie Aufläufen, Fleischgerichten oder Suppen mit dem Aroma von Ingwer der entsprechenden Duftpelargonie eine besondere Note, verfeinern sie Apfelmus oder Apfelkuchen mit denen der Apfelpelargonien, runden sie Minzsauce mit Blättern der Pfefferminzpelargonie ab …

GETRÄNK – LASSI MIT ROSEN-PELARGONIENSIRUP UND ERDBEEREN

Lassi ist ein traditionelles indisches Joghurtgetränk, das an heißen Sommertagen herrlich erfrischt und kühlt. Da die Kuh in Indien hoch verehrt wird, kommt auch in der indischen Küche Milch und Milchprodukten eine besondere Bedeutung zu. Lassi wird in der Regel auf der Basis 1:1 zubereitet: das heißt, ein Teil Joghurt und ein Teil Milch oder Wasser. Die fruchtigen und süßen Lassis entstanden in den Adelshäusern. Dort wollte man mit der wohltuenden, kühlenden Wirkung noch einen Genuss verbinden.

100 G ERDBEEREN
150 G NATURJOGHURT
100 ML WASSER
3 EL ROSENPELARGONIENSIRUP (REZEPT SIEHE »BLÜTEN IN GETRÄNKEN«)

Die Erdbeeren waschen und entkelchen und zusammen mit den übrigen Zutaten im Mixer gut mischen oder mit dem Pürierstab pürieren. Gut kühlen. Zum Servieren in zwei Gläser füllen und mit Pelargonienblüten und -blättern garnieren. Eine tolle Erfrischung an heißen Tagen!

VORSPEISE – TAGLIATELLE IN ZITRONEN-PELARGONIENBUTTER MIT SCAMPI UND CHERRYTOMATEN

Hier sind es nun Zitronenpelargonienblätter, die ihr frisches, zitroniges Aroma beisteuern und wunderbar mit den Scampi und süßlichen Cherrytomaten harmonieren.

400 G TAGLIATELLE
20 RIESENCREVETTEN ODER SCAMPI
SALZ
SCHWARZER PFEFFER AUS DER MÜHLE
1 KNOBLAUCHZEHE
3 EL OLIVENÖL
100 G BUTTER
8 GROSSE BLÄTTER EINER ZITRONENPELARGONIE (CA. 10 G)
1 EL ZITRONENSAFT
200 G CHERRYTOMATEN
ZITRONENPELARGONIENBLÜTEN UND -BLÄTTER ZUR DEKORATION

Die Tagliatelle in Salzwasser ca. 8 Minuten al dente kochen und abschütten. In der Zwischenzeit die Riesencrevetten oder Scampi aus der Schale brechen, am Rücken entlang einschneiden und den schwarzen Darmfaden entfernen. Salzen und pfeffern. Die Knoblauchzehe halbieren und eine beschichtete Pfanne damit ausreiben. 2 EL Öl darin erhitzen und die Crevetten rundherum 2-3 Minuten nicht zu heiß braten und warm stellen.
In einer großen Pfanne die Butter zerlassen und darin die in Streifen geschnittenen Blätter der Zitronenpelargonie kurz anbraten. Etwas Zitronensaft und Salz zufügen. Die Tagliatelle darin schwenken und warm stellen. Nochmals 1 EL Olivenöl in die Pfanne geben und die halbierten Cherrytomaten darin gut heiß werden lassen. Mit Salz und Pfeffer würzen. Die Tagliatelle in der Zitronenpelargonienbutter auf vorgewärmten Tellern anrichten, die Scampi und Tomaten dazulegen. Mit den Blüten und Blättern garnieren.

HAUPTGERICHT – LAMMFILET MIT MINZPELARGONIENSAUCE UND KARTOFFELPÜREE

Bei diesem Gericht stand die englische Minzsauce Pate, die traditionell zu Lammbraten gereicht wird. Mit viel frischer Minze zubereitet, war sie mir persönlich immer zu stark. Die Blätter der Minzpelargonie bieten hier eine interessante Alternative.

6 EL BLÄTTER DER MINZPELARGONIE
4 EL KOCHENDES WASSER
4 TL PELARGONIENSIRUP (REZEPT SIEHE »BLÜTEN IN GETRÄNKEN«)
8 EL BALSAMICOESSIGCREME
2 EL MINZPELARGONIENBLÜTEN ZUM BESTREUEN

✖

8 LAMMFILETS
4 EL OLIVENÖL
SALZ
SCHWARZER PFEFFER AUS DER MÜHLE

✖

1 KG KARTOFFELN
50 G BUTTER
SALZ
FRISCH GERIEBENE MUSKATNUSS
150 ML MILCH ODER SAHNE

Die Blätter der Minzpelargonie auf Unversehrtheit und Insekten überprüfen und im Mixer zerkleinern, mit etwas kochendem Wasser übergießen, den Sirup einrühren und 1 Stunde ruhen lassen. Kurz vor dem Servieren erwärmen und die Balsamicoessigcreme unterrühren.

Da Lammfilets sehr klein und dünn sind, werden sie im Stück gebraten. Man rechnet pro Person zwei Filets. Die Bratzeit ist entsprechend der Größe sehr kurz.

Das Fleisch kalt abspülen und trocken tupfen. Das Olivenöl in einer Pfanne erhitzen und die Lammfilets je nach Dicke 2–3 Minuten pro Seite darin anbraten. Anschließend salzen und pfeffern und noch ca. 10 Minuten warm stellen.

Die Kartoffeln schälen, in sprudelndem Salzwasser kochen, stampfen und die weiche Butter in Flöckchen unterrühren. Salzen und eventuell mit Muskatnuss abschmecken. Die erwärmte Milch oder Sahne unterrühren bis die gewünschte Konsistenz erreicht ist.

Auf vorgewärmte Teller das Lammfilet mit dem Kartoffelpüree anrichten, die Sauce darübergeben und mit den Minzpelargonienblüten bestreut servieren.

DESSERT - BISKUIT MIT ROSENPELARGONIEN UND ERDBEEREN

Schon früher hat man Pelargonienblätter beim Backen zum Aromatisieren von Kuchenteig verwendet. Mit ihnen wird die Form ausgelegt und ihr Aroma geht auf den Kuchen über. Hier ist es der Duft von Rosenpelargonien im Biskuit, der mit den fruchtigen Erdbeeren unsere Sinne verzaubert.

6–8 ROSENPELARGONIENBLÄTTER JE NACH GRÖSSE
6 EIER
175 G ZUCKER
100 G MEHL
100 G SPEISESTÄRKE
1 TL BACKPULVER
KRISTALLZUCKER
500 G ERDBEEREN
300 G CRÈME DOUBLE ODER CRÈME SAHNE
PELARGONIENBLÜTEN ZUM DEKORIEREN

Den Backofen vorheizen. Ein Backblech mit Backpapier auslegen und die Pelargonienblätter auf dem Papier verteilen. Die Eier trennen und die Eiweiße steif schlagen. Die Eigelb mit dem Zucker hell schaumig schlagen und anschließend den Eischnee unterrühren. Mehl mit Speisestärke und Backpulver mischen und darübersieben. Alles vorsichtig unterheben. Die Masse über die Pelargonienblätter gießen und bei 180 Grad Celsius ca. 15 Minuten backen.

Den Biskuitteig rasch auf ein mit Kristallzucker bestreutes Backpapier stürzen, vorsichtig versuchen, die Pelargonienblätter zu entfernen. Falls sie zu sehr eingebacken sind, können sie auch im Biskuit verbleiben. Die Erdbeeren waschen, entkelchen und in Scheiben schneiden. Die steifgeschlagene Creme Sahne auf den Biskuit streichen und die Erdbeeren darauf verteilen. Den Biskuit vorsichtig aufrollen und mit einem scharfen Messer in Scheiben schneiden. Mit Blüten garnieren.

Pelargonien im Garten

(DUFT-)PELARGONIEN (PELARGONIUM) An dieser Stelle soll kurz darauf eingegangen werden, warum Pelargonien so häufig als Geranien bezeichnet werden. Irrtümlich ordnete Carl von Linné die Pelargonien der bereits bekannten Gattung der Storchschnäbel (Geranium) zu. Pelargonien unterscheiden sich jedoch in mancherlei Hinsicht von den Geranien, vor allem im Aufbau ihrer Blüten. Erst der französische Botaniker Charles Louis L'Heritier korrigierte den Fehler. In seiner »Gerianologia« beschrieb er fast neunzig Arten und nannte sie erstmals Pelargonien. Dieser Name leitet sich vom griechischen »pelargos« (Storch) her. Das stiftet insofern Verwirrung, als Geranien im deutschsprachigen Raum als Storchschnäbel bezeichnet werden, obwohl ihr botanischer Name vom griechischen Begriff für Kranich (geranos) kommt. Namentlich sind also die Geranien Kranichschnäbel und die Pelargonien Storchenschnäbel. Jedenfalls gehören beide Gattungen zur Familie der Storchenschnabelgewächse (Geraniaceae), deren Name die Form ihrer Fruchtstände beschreiben sollte. Der extremen Trockenheit in ihrer Heimat geschuldet, existieren Pelargonien in einer faszinierenden Vielfalt. Unter den wildwachsenden Arten gibt es Sukkulenten, die ähnlich wie Kakteen in der Lage sind, Wasser zu speichern, krautig wachsende Geophyten mit rübenartigen Wurzelknollen und Pelargonien, die zu Sträuchern mit aromatisch duftenden Blättern heranwachsen. Die als Zierpflanzen verbreiteten Edelpelargonien entstanden ebenso wie die Hängepelargonien und die aufrecht wachsenden Zonale-Hybriden aus einigen wenigen Wildformen durch Züchtung. Pelargonienblüten besitzen fünf unterschiedlich große Blütenblätter, von denen die zwei oberen über so genannte Saftmale verfügen, die Insekten den Weg zu den Nektarvorräten in der Blütenmitte erleichtern. Duftpelargonien wachsen unter frostfreien Bedingungen zu stattlichen Büschen von 30 bis 100 Zentimeter Höhe heran. Sie sind immergrün, wobei ihre Blätter ganz unterschiedlich gefärbt sind, oft auch zweifarbig. Form und Oberfläche der Blätter variieren ebenfalls. Der intensive Duft geht vor allem von den Blättern aus, die Blüten duften weniger stark. Ob Rosenduft oder frische Zitrusdüfte, vertrauter Pfefferminzgeruch oder das Aroma von Früchten, es scheint kaum einen Duft zu geben, der sich nicht an einer Duftpelargonie finden lässt. Abhängig von der Kultivierung kann der Duft derselben Sorte allerdings unterschiedlich ausfallen. Duftpelargonien tragen kleine, ungefüllte Blüten in weiß, blassrosa, rosarot oder blassviolett mit meist fünf Kronblättern. Eine größere Anzahl einzelner Blüten stehen zu Blütendolden versammelt auf längeren Blütenständen.

STANDORT Pelargonien sind ausgesprochene Sonnenliebhaber. Für die Duftpelargonien gilt: Je sonniger und trockener sie stehen, desto intensiver duften sie. Einzige Ausnahme ist die Pfefferminzpelargonie *(Pelargonium tomentosum),* die einen Platz im Halbschatten bevorzugt.

KULTUR UND PFLEGE Da Duftpelargonien nicht frosthart sind, werden sie in unseren Breiten meist in Töpfe oder Kübel gepflanzt. Die Pflanzgefäße dürfen ruhig etwas geräumiger sein und werden am besten mit einer sandigen Erdmischung versehen. Einmal Fuß gefasst verblüffen Duftpelargonien mit erstaunlichen Wachstumsfortschritten.
Abgesehen von ihrer Sehnsucht nach Sonne sind Duftpelargonien ausgesprochen anspruchslos. Selbst längere Trockenheit überstehen sie meist unbeschadet. Stehende Nässe mögen sie indes überhaupt nicht.
Ein regelmäßiges Abschneiden verblühter Triebe regt die Pflanzen zum Neuaustrieb an und beschert immer neue Blüten. Aus blütenlosen Trieben können im Frühjahr oder Herbst Stecklinge geschnitten werden, die in sandiger Erde meist problemlos bewurzeln.

Vor dem ersten Frost müssen die Pelargonien in ein geeignetes Winterquartier gebracht werden. Am liebsten mögen sie einen hellen, kühlen Platz. Viele tolerieren auch einen hellen Standort in geheizten Räumen. Ab März können sie zurückgeschnitten und bei Bedarf umgetopft werden. Sobald keine Fröste mehr zu erwarten sind, wollen sie wieder hinaus.

BLÜTE UND ERNTE Duftpelargonien blühen den ganzen Sommer hindurch bis weit in den Herbst hinein, manchmal treiben sie schon in ihrem Winterquartier erste Blüten.

EMPFEHLENSWERTE SORTEN FÜR DIE KÜCHE
Am bekanntesten sind wahrscheinlich die Zitronenpelargonien. Ich empfehle *Pelargonium crispum ›Queen of Lemons‹* und *Pelargonium crispum ›Lemon Fancy‹* sowie *Pelargonium scabrum ›Mabel Grey‹*, die am kräftigsten duftende in dieser Auswahl. Von den Rosenpelargonien verbreitet die rosafarbene *Pelargonium capitatum ›Attar of Roses‹* den intensivsten Duft. Die mit zweifarbigen Blättern geschmückte *Pelargonium graveolens ›Lady Plymouth‹* duftet zarter nach Rose und Minze. *›Rober Lemon Rose‹* und *›Queen of Roses‹* hüllen sich in einen stark würzigen Duft. Von den Pelargonien, die das Aroma verschiedener Früchte tragen, seien *Pelargonium odoratissimum* mit ihrem Duft nach Apfel, *P. crispum ›Peach Cream‹*, deren Blätter nach Pfirsich duften, *P. ›Apricot‹ und P. citriodorum ›Prince of Orange‹*, deren Namen die entsprechenden Düfte bereits verraten, empfohlen. Nicht vergessen werden darf *Pelargonium tomentosum* mit ihrem unwiderstehlichen Pfefferminzduft. Erwähnenswert ist noch *Pelargonium fragans ›White Nutmeg‹*, die nach Muskatnuss duftet.

Hibiskus

Die festliche Schönheit

Malve im Gemüsegarten lässt den Doktor draußen warten.

SPANISCHES SPRICHWORT

Historisches zur Blüte

Ein Hauch von Exotik weht uns beim Betrachten der anmutigen Hibiskusblüten an. Sie bestechen mit intensiver Farbgebung und einem fruchtigen Duft. Viele kennen sie unter dem Synonym Hawaiiblume. Auf den Hawaii-Inseln steckten sich ungebundene Mädchen traditionell eine Hibiskusblüte ins Haar, aber auch Gäste wurden gern mit Blütengirlanden geschmückt. Der Hibiskus ist die Nationalblume Hawaiis ebenso wie die Malaysias. Dort wird der Hibiskus »bunga raya« genannt, was soviel wie »große festliche Blume« bedeutet. In alten Kulturen wurden Hibiskusblüten häufig als Färbemittel für Lebensmittel genutzt. Doch auch Haare und Augenbrauen ließen sich mit ihrer Hilfe färben, sogar Leder und Schuhpflegemittel, weshalb die Pflanze in einigen Ländern »shoeblack plant« genannt wird. In vielen asiatischen Ländern steht der Hibiskus als Symbol für positive Tugenden und Charaktereigenschaften. Traditionell werden Gärten und Wohnungen mit Hibiskusblüten geschmückt. Im Orient war der scharlachrote Hibiskus die »Blume der Göttin«. In Indien werden Hibiskusblüten noch heute bei bestimmten Opferritualen benutzt. Für Koreaner symbolisiert der Hibiskus Durchhaltevermögen und Entschlossenheit. Beispielsweise werden in Südkorea Hotelkategorien nicht wie andernorts üblich in Sternen, sondern mit einer bestimmten Anzahl von Hibiskusblüten bewertet. In China gilt Hibiskus als Symbol für Reichtum, Pracht und Ruhm. Zugleich hat er eine erotische Komponente und versinnbildlicht die sexuelle Anziehungskraft junger Mädchen. Vielfach wird dem Hibiskus heilsame Wirkung zugeschrieben. Auf den Philippinen werden Hibiskuswurzeln als Appetitanreger verabreicht, und in Guinea gilt Hibiskus als Beruhigungsmittel. In Burma schätzt man Hibiskussamen als Aphrodisiakum, ein Effekt, der im europäischen Raum den Malvensamen zugetraut wurde. Weil sie hier heimisch sind, stehen in der europäischen Geschichte die Malven im Vordergrund und wurden ebenfalls als Heilmittel geschätzt. Der griechischen Mythologie zufolge wuchsen Malven schon im Zaubergarten der Hekate, einer weisen und heilkundigen Frau. Im antiken Griechenland wurden Malvenblätter bei Insekten- und Skorpionstichen aufgelegt. Ihr hoher Gehalt an Schleimstoffen, der schon beim Berühren der weichen Blütenblätter spürbar wird, beruhigt gereizte Schleimhäute und wirkt schmerzlindernd. Getrocknete Wurzelstücke gelten als die ältesten Hustenbonbons. Zahnenden Kleinkindern gab man ein Wurzelstück zum Kauen. Die geradezu magische Ausstrahlung der Hibiskusblüten wirkte zu allen Zeiten und bis in die Gegenwart anregend. Modedesigner fanden Gefallen an den Hibiskusblüten, die sich seitdem immer wieder auf farbenfrohen, leichten Stoffen finden. Das bekannte Model Naomi Campbell ließ sich für einen von ihr kreierten Duft von Afrika inspirieren, der Heimat ihrer Vorfahren. Dort galten Hibiskusblüten als heilig. Eine Kosmetikfirma behauptet, Hibiskus sei »die pflanzliche Antwort, um Mimikfalten zu glätten« und wirbt für eines ihrer Produkte mit einem »Botox-Effekt aus der Hibiskusblüte«.

Traditionelle Verwendung in der Küche

Die weltweit bekannteste Verwendung für Hibiskus- und Malvenblüten ist zweifellos die als Basis für Tees. Die getrockneten Blütenblätter sind Bestandteil diverser Teemischungen, wobei der Anteil der Blüten von Region zu Region recht unterschiedlich ist. Ein Tee ausschließlich aus Hibiskusblütenblättern wird in arabischen Ländern, aber auch in Nordamerika genossen. Das tiefrote Getränk heißt im Sudan und in Ägypten »Karkadeh« (syn. Karkady), in Guatemala »Rosa de Jamaica« und in Mexiko »Agua de Jamaica«, schmeckt ein wenig nach Preiselbeeren und wird sowohl heiß als

auch kalt getrunken. In einigen Gegenden wird diesem Tee eine Wirkung als Aphrodisiakum nachgesagt. Naturgemäß spielten in der europäischen Küche die hiesigen Malvengewächse eine größere Rolle. Bereits die alten Römer verwendeten Eibisch als Suppenkraut. Später wurden die zarten Eibischstängel im zeitigen Frühjahr geschnitten und in Zucker konserviert. Auch zur Herstellung von Sirup und Pickles wurde der Eibisch genutzt. Seine Blüten und Blätter landeten im Salat. Eibischwurzeln wurden gekocht und gebraten und vor allem in Zeiten des Hungers verzehrt. Historische Zeugnisse lassen allerdings Zweifel aufkommen, ob dies ein kulinarischer Genuss war. Verlockender waren sie sicher in einer bekannten Leckerei. Im Englischen heißt der Eibisch »marshmallow«. Aus zerkleinerten Stängeln, Blättern und Wurzeln der Pflanze wurden ursprünglich die süßen Marshmallows gefertigt.
Eine frühe Verwendung von Stockrosen ist ebenfalls dokumentiert. Im Mittelalter war sie bereits weit verbreitet und wurde beispielsweise Salaten beigegeben, ebenso wie die Blüten der Wilden Malve. Deren Sprosse wurden im Mittelalter auch als Gemüse serviert, ihre Früchte eingelegt wie Kapern. Dort, wo der Hibiskus zu Hause ist, wird er traditionell auf vielfältige Weise in der Küche genutzt. In der Karibik werden aus Hibiskusblüten Sirup, Saucen und Gelee bereitet. Als Beigabe zu Süßspeisen und Sorbets wird er ebenfalls geschätzt. Sowohl dort als auch im asiatischen Raum wird Hibiskus häufig beim Bereiten von Currygerichten zugegeben. Auch Samen, Blätter und Blütenkelche sind essbar. Klein gehackt sind sie eine beliebte Beigabe zu Salaten. Grün oder getrocknet werden sie beispielsweise mit Zwiebeln und Erdnüssen vermischt. Ein Aperitif, der ursprünglich aus Australien kommt, erfreut sich in den letzten Jahren auch in Europa zunehmender Beliebtheit. Dazu werden in Zuckersirup eingelegte Hibiskusblüten mit Sekt oder Champagner aufgegossen. Die Kohlensäure bewirkt ein Öffnen der Blüten, was neben dem Genuss natürlich ein Fest fürs Auge ist.

Hibiskusmenü

Die Blüten der vielen Malvengewächse haben so bezaubernde Farben und sind von so angenehmer Konsistenz, dass sie auf Salaten und Desserts eine prächtige Beigabe sind. Da kann man ihnen nachsehen, dass sie keinen so ausgeprägten Eigengeschmack haben. Eine Ausnahme bildet der *Hibiscus sabdariffa,* der in tropischen Ländern zu Hause ist und den Grundstoff für den berühmten Tee und hier auch für den Sirup liefert.

GETRÄNK – ÄGYPTISCHER KARKADEH

Am Ufer des Nils kannte man Hibiskustee schon lange vor den Europäern. In Ägypten gibt es den Karkadeh, wie er dort genannt wird, überall in den Cafés. Er spielt im Leben der Ägypter eine ähnlich große Rolle wie der Pfefferminztee bei den Marokkanern. Genauso wie dieser wird auch der Karkadeh stark gesüßt und zu jeder Tageszeit getrunken. In Assuan genießt man den Hibiskustee meist eisgekühlt, um die vom Wüstenstaub ausgedörrte Kehle zu befeuchten. Die getrockneten Blütenkelche, deren Rot fast ins Schwarze geht, werden meist noch von Hand gepflückt, dann sortiert, gereinigt und anschließend fünf bis sechs Tage an der Sonne getrocknet.

1 TL GETROCKNETER BLÜTEN DES HIBISCUS SABDARIFFA PRO PERSON
WASSER
ZUCKER ODER KANDIS

Die getrockneten Hibiskusblüten werden je nach Geschmack mit 200–500 Millilitern kochenden Wassers aufgegossen. Je länger Sie das Getränk ziehen lassen, desto weniger Säure hat es und desto intensiver wird sein wundervoll leuchtendes Rubinrot. Um die natürliche Säure des sehr Vitamin C-reichen Karkadehs zu mildern, sollte man den Tee zuckern.

VORSPEISE – MALVENSALAT

Die Karambole, auch Sternfrucht genannt, ist eine tropische Beerenfrucht mit einem erfrischend-säuerlichen, aber dabei auch süßen Aroma. Sie verleiht diesem prächtigen Salat eine exotische Note. Ich habe hier als Basis Lollo-Rosso- und Lollo-Bionda-Salat gewählt, weil sie einen schönen Kontrast zu den pastellfarbenen Malven und der Karambole bilden.

6 EL TRAUBENKERNÖL
2 EL BLÜTENESSIG NACH WAHL (REZEPT SIEHE »BLÜTEN IN ESSIG«)
1 TL DIJON-SENF
1 TL ZUCKER
1 TL SALZ
FRISCH GEMAHLENER PFEFFER
LOLLO-BIONDA-SALAT
LOLLO-ROSSO-SALAT
1 KARAMBOLE
MALVENBLÜTEN

Zuerst für die Vinaigrette alle Zutaten miteinander vermischen und mit einem Pürierstab leicht aufschlagen. Kühl stellen. Den Salat waschen, trocken schleudern und in mundgerechte Stücke schneiden. Die Karambole waschen und in dünne Scheiben schneiden, evtl. Kerne entfernen. Zuletzt die Malvenblüten auf Insekten überprüfen und den Blütenstempel in der Mitte vorsichtig entfernen.
Auf den Tellern den Salat mit den Karambolenscheiben anrichten und die Vinaigrette darüber träufeln. Zum Schluss mit den Malvenblüten bestreuen.

HAUPTGERICHT – JAMAIKANISCHES HÜHNCHEN MIT HIBISKUS, ZWIEBELN UND ERDNÜSSEN

In der jamaikanischen Küche wird Hibiskus oft mit Zwiebeln und Erdnüssen kombiniert. Lassen Sie sich von diesem Gericht aus der Karibik überraschen …

20 G GETROCKNETE HIBISCUS SABDARIFFA-BLÜTEN
300 ML WASSER
150 G ERDNÜSSE
500 G HÜHNERBRUSTFILET
3 GROSSE ZWIEBELN
80 ML OLIVENÖL
1 TL SALZ
½ TL SCHWARZER PFEFFER
1 TL ZUCKER
¼ TL ZIMT

Zuerst aus den getrockneten Hibiskusblüten mit kochendem Wasser einen starken Auszug bereiten und ihn ca. 15 Minuten ziehen lassen. Die Erdnüsse in der Küchenmaschine zu Pulver zermahlen, den Hibiskussud dazugeben und kurz weitermahlen, bis ein lila-brauner Brei entstanden ist. Die Hühnerbrustfilets waschen, trocken tupfen und in Würfel schneiden. Die Zwiebeln hacken und in Olivenöl anschwitzen. Die Hühnerbrustwürfel dazugeben und anbraten, dann sämtliche Gewürze und den Erdnussbrei hineingeben. Gut umrühren und mit Deckel ca. 1 Stunde sanft köcheln lassen. Zwischendurch immer mal wieder umrühren und bei Bedarf etwas Wasser zufügen. Mit Reis servieren. Der Hibiskus-Erdnuss-Brei sieht erst lila aus, wird während des Kochens aber braun, also erschrecken Sie nicht.

DESSERT – MANGOCREME MIT HIBISKUSBLÜTEN

Hibiskusblüten sehen prächtig und exotisch aus. Was liegt da näher, als sie auch mit einer solchen Frucht zu kombinieren: Die süß-aromatische Mango harmoniert bestens mit dem säuerlichen Hibiskussirup.

3 REIFE MANGOS
2 EL FRISCH GEPRESSTER ZITRONENSAFT
4 EL HIBISKUSSIRUP AUS HIBISKUS SABDARIFFA (REZEPT SIEHE »BLÜTEN IN GETRÄNKEN«)
200 ML SAHNE
4 HIBISKUSBLÜTEN ZUM DEKORIEREN

Die Mangos schälen und das Fruchtfleisch vom Stein lösen, evtl. einige schöne Spalten zur Dekoration beiseite legen. Das restliche Fruchtfleisch mit dem Zitronensaft und dem Hibiskusblütensirup pürieren. Die Sahne steif schlagen und unter das Mangopüree ziehen. Die Creme etwa 30 Minuten in den Kühlschrank stellen. Dann in Gläser oder auf Teller füllen und mit den Mangospalten und den Hibiskusblüten dekorieren, evtl. noch etwas Sirup darübergeben. Hibiskusblüten zur Dekoration können nur frisch gepflückt verwendet werden, da sie schnell welken. Sie eignen sich leider auch nicht gut zum Verzuckern.

Hibiskus und Malven im Garten

HIBISKUS UND ANDERE MALVENGEWÄCHSE (HIBISKUS, MALVA UND ALTHAEA) Der Hibiskus gehört zur Pflanzenfamilie der Malvengewächse (Malvaceae), die sich durch eine außerordentliche Vielfalt auszeichnet. Es ist unmöglich, an dieser Stelle die gesamte Familie vorzustellen. Ich konzentriere mich daher auf einige ausgewählte Familienmitglieder.
Synonym für die Bezeichnung Hibiskus wird der Name Eibisch verwendet. Der *Hibiscus rosa sinensis* wird auch (Chinesischer) Roseneibisch genannt. Im Angelsächsischen ist auch die Bezeichnung Chinarose geläufig, was insofern für Unklarheit sorgt, weil im deutschsprachigen Raum die Chinarose tatsächlich eine Rose benennt *(Rosa chinensis)*. Der botanische Name *Hibiscus syriacus* bezeichnet die als Garten- oder Straucheibisch bekannte Pflanze. Ebenfalls zur Familie gehören der Echte Eibisch *(Althaea officinalis)* und die Stockrose *(Althaea rosea)*, die häufig einfach als Malve bezeichnet wird. Eine Vielzahl weiterer Malvengewächse ist ebenfalls für die Blütenküche geeignet. Einige davon finden sie im Abschnitt zu den empfehlenswerten Sorten.
Um die Verwirrung perfekt zu machen, gibt es neben Roseneibisch und Stockrose auch noch eine Rosen-Malve *(Malva alcea)*.
Allen erwähnten Malvengewächsen gemeinsam sind die auffälligen Blüten, deren Blütenblätter sich um Staubfäden gruppieren, die mittig zu einer Art Röhre verwachsen sind. Alle Blütenblätter haben eine seidig schimmernde Textur, weshalb es sehr angenehm ist, sie zu berühren. Der *Hibiscus rosa sinensis* wächst in seiner tropischen Heimat zu einem stattlichen Strauch heran. Seine exotischen Blüten können einfach oder gefüllt sein und erblühen in vielen Farben. Einfachblühende lassen deutlich die lange Griffelsäule erkennen und fünf Blütenblätter. Die Blüten öffnen sich jeweils nur einen Tag. Der *Hibiscus syriacus* ist ein robuster, aufrecht wachsender Strauch, der eine Höhe von etwa zwei Metern erreicht. Er blüht einfach oder gefüllt je nach Sorte weiß, pink, rosafarben, rot oder blauviolett. Die Blüten sind nicht ganz so groß wie die des Roseneibischs. Dafür beschert der Garteneibisch einen großen Blütenreichtum.
Ebenfalls überaus reich von weiß bis helllila blühend präsentiert sich der Echte Eibisch, eine Staude von etwa anderthalb Meter Höhe mit graufilzigen Blättern. Stockrosen wachsen schlank aufrecht meist übermannshoch und tragen eine Vielzahl großer Blüten mit zarten Blütenblättern in weiß, gelb, rosa, braunrot bis fast schwarz, hell- oder dunkelviolett.

STANDORT Der chinesische Roseneibisch *(Hibiscus rosa sinensis)* ist in unseren Breiten nicht winterhart und daher nur als Zimmer- bzw. Kübelpflanze zu halten. Er benötigt reichlich Sonne und Wärme und liebt gleichzeitig eine hohe Luftfeuchtigkeit. Der Wurzelballen sollte niemals austrocknen, Staunässe ist jedoch zu vermeiden. Selbst im Winter braucht er einen sehr hellen Platz, und die Temperatur sollte nicht unter 12 Grad Celsius fallen. Der Garteneibisch *(Hibiscus syriacus)* hingegen übersteht auch mitteleuropäische Winter, sollte aber einen warmen und windgeschützten Platz im Garten erhalten, beispielsweise vor Gebüschen oder Mauern. Er gedeiht sowohl in der Sonne als auch im lichten Schatten und ist ansonsten recht anspruchslos. Wichtig ist ein durchlässiger Boden. Ebenso bescheiden ist der Echte Eibisch, der selbst mit halbschattigen Plätzen zurecht kommt und trockenere Böden toleriert. Stockrosen hingegen gedeihen am besten an vollsonnigen, geschützten Plätzen mit nährstoffreichem, durchlässigem Boden, der gelegentlich auch austrocknen darf. Aufgrund ihrer beachtlichen Höhe gehören sie in den hinteren Bereich von Beeten, stehen aber auch gern vor Hauswänden, Mauern oder Zäunen.
Sind die Pflanzen an ungeschützten Stellen dem Wind ausgesetzt, sollten sie abgestützt werden.

KULTUR UND PFLEGE Im hellen, nicht zu kalten Winterquartier recht genugsam, hat der Roseneibisch während der Wachstumszeit einen hohen Wasser- und Nährstoffbedarf. Auf einen ungünstigen Standort oder Versäumnisse in der Pflege reagiert er empfindlich. Bei Trockenheit oder Standortveränderungen wirft er einfach seine Knospen oder Blüten ab. Im späten Frühjahr verträgt der Hibiskus einen besonnenen Rückschnitt, der einen kompakteren Wuchs wie auch den Erhalt der Blütengröße fördert. Vermehren lässt sich der Hibiskus am einfachsten durch Stecklinge, die am besten bei hoher Bodenwärme und Verdunstungsschutz bewurzeln. Für den Garteneibisch empfiehlt sich eine Frühjahrspflanzung. Die empfindlichen Wurzeln der Jungpflanzen sollten in den ersten Wintern mit einer Laubdecke geschützt werden. Auch der Garteneibisch verträgt einen beherzten Rückschnitt im zeitigen Frühjahr und dankt ihn mit Blütenfülle. Nach einem strengen Winter kann es jedoch passieren, dass der Eibisch überhaupt nicht blüht. Einfachblühende Sorten sind übrigens frosthärter als solche mit gefüllten Blüten. Zwar vermehrt sich der Garteneibisch selbst durch reichlich ansetzende Samen, die daraus entstehenden Jungpflanzen fallen jedoch meist in die Wildart zurück. Sortenrein lässt er sich ebenso wie der Roseneibisch durch Steckhölzer vermehren. Da die Nachkommen jedoch recht empfindlich sind, sollten sie den ersten Winter im Haus verbringen.

Stockrosen sind normalerweise zweijährig, es werden aber auch Hybriden gezüchtet, die man wie einjährige Pflanzen behandelt. Samen für Einjährige können im späten Winter ausgesät werden, sie blühen dann im Sommer. Bei Aussaat Zweijähriger Mitte des Sommers, können die Jungpflanzen im Herbst umgepflanzt

werden und blühen im Folgejahr. Stockrosen vermehren sich bereitwillig durch Selbstaussaat. Werden die Pflanzen gleich nach der Blüte dicht über dem Boden abgeschnitten, bilden sie neue überwinternde Blattrosetten aus. Von Rost befallene Blätter sind unbedingt zu entfernen.

BLÜTE UND ERNTE Hibiskusblüten werden in ihren Heimatländern oft geerntet, bevor sie aufblühen. Die Blütenblätter werden von den Kelchen getrennt und getrocknet. Natürlich können sie frische Blüten ernten, wenn sie es denn übers Herz bringen.
Während der Garteneibisch in tropischen Regionen ganzjährig blüht, zeigen sich seine Blüten in Mitteleuropa erst ab Juli bis September. Der Echte Eibisch blüht zur selben Zeit und steht bei uns unter Naturschutz! Blüten aus Wildbeständen dürfen daher nicht gesammelt werden. Wer seine Blüten verwenden möchte, muss ihm einen Platz im eigenen Garten einräumen. Stockrosen blühen von Juli bis September, bei milder Witterung auch länger. Da sie viele Bienen anlocken, ist Vorsicht bei der Ernte geboten. Stockrosenblüten sind reich an Pollen, was bei Allergikern zu Problemen führen kann.

EMPFEHLENSWERTE SORTEN FÜR DIE KÜCHE
Die Blütenblätter aller hier vorgestellten Malvengewächse haben eine angenehm seidige Oberfläche, die dem Gaumen schmeichelt. Die Blüten des Roseneibischs *(Hibiscus rosa sinensis)* verwöhnen mit einem süßen, fruchtigen Geschmack. Ebenfalls essbar sind alle Blüten des Garteneibischs *(Hibiscus syriacus)*.
Die Blüten des Echten Eibischs *(Althaea officinalis)* schmecken sowohl roh als auch gekocht angenehm süß. Stockrosenblüten haben zwar kein kräftiges Aroma, dafür sind sie recht knackig und bleiben lange frisch. Die kräftig schwarzrot gefärbte *Alcea rosea ›Nigra‹* wird gern für Teezubereitungen und zum Einfärben von Speisen verwendet. *Alcea rugosa* und *Alcea ficifolia* sind ebenfalls geeignet. Seit Langem in der Küche geschätzt sind die großen, rosaroten bis rotvioletten Blüten der Wilden Malve *(Malva sylvestris)*. Die zart duftenden Blüten der Moschusmalve *(Malva moschata)* sind ebenfalls eine beliebte Zutat in der Blütenküche. Ihre Wildform blüht hellrosa; *Malva moschata ›Alba‹* liefert weiße Blüten und *›Marina‹* bringt blaue Farbtupfer ins Menü. Die Früchte der Malven haben eine imposante Form und sind ebenfalls essbar. Sie sehen aus wie kleine Kuchen und schmecken angenehm süß. Weiterhin werden die folgenden Malvengewächse empfohlen: *Lavatera olbia ›Rosea‹* und *Lavatera cachemiriana* sowie *Sidalcea candida* und *Sidalcea oregana ›Präriefeuer‹*. Grundstoff der berühmten Tees ist der *Hibiscus sabdariffa*, der in verschiedenen Ländern (wie dem Sudan, Ägypten, Mexiko, Thailand und China) in großen Mengen angebaut wird. Die Blüten können von verschiedenen Anbietern getrocknet oder in Sirup eingelegt bezogen werden.

Dahlien

Guter Geschmack und Eleganz

Rote Rosen, weiße Rosen,
Primeln, Tulpen und Narzissen,
Dahlien von hundert Farben
Sah ich durcheinander sprießen!
Purpur, Gold, Azur und Silber
Flimmerten in Wechseltönen,
Lila, Rosa, heitres Meergrün
Mussten Glanz mit Glanz versöhnen!

GOTTFRIED KELLER (1819–1890)

Historisches zur Blüte

Keine andere Blume zeigt einen solchen Reichtum an Blütenformen. Dahlien schmücken sich mit liebreizenden, kleinen Blütenbällen wie die der Pompon-Dahlien oder auch mit riesengroßen, dekorativen Blüten. Vergleiche mit anderen Blüten werden bemüht, um Dahlien zu beschreiben. So gibt es Kaktus-Dahlien, Seerosen-Dahlien und Orchideen-Dahlien, womit jedoch längst nicht alle Formen erfasst sind. Giraffen-Dahlien, Ball-Dahlien und Halskrausen-Dahlien sind nur einige weitere Versuche, Dahlienblüten anschaulich zu beschreiben. Ebenso reich wie die Formenvielfalt sind auch die Farben und Farbkombinationen. Nur eine einzige Farbe fehlt: Blau. Da Dahlien mit so vielen unterschiedlichen Erscheinungsformen und einer unerschöpflichen Farbenvielfalt begeistern, fällt es leicht, den fehlenden Duft zu verzeihen.

Ursprünglich stammt die Dahlie aus Mexiko, dem Reich der Azteken. Unter den Dahlienpflanzen, die europäische Botaniker entdeckten und nach Europa brachten, befanden sich auch solche, die bereits züchterisch bearbeitet waren. Daher ist es gut möglich, dass einige Vorfahren unserer Dahlien direkt aus dem Garten Moctezumas, des Herrschers der Azteken, stammen. Doch der Reihe nach. Zwar hatte Columbus 1492 Amerika entdeckt, aber das sagenumwobene »Eldorado«, das Land des Goldes, war noch nicht gefunden. Anfang des 16. Jahrhunderts brach der Spanier Hernando Cortez zu einem Eroberungsfeldzug in das mittelamerikanische Festland auf und kam bis in die mexikanische Hauptstadt Tenochtitlan, wo er von Moctezuma ehrenvoll empfangen wurde. Voller Bewunderung beschreibt er in seinen Briefen verschiedene wunderschöne Gärten der Azteken. Als erste Europäer dürften er und seine Gefolgsleute dort die in Europa bis dahin unbekannten Dahlien gesehen haben. Da sein Interesse jedoch anderen Schätzen galt als botanischen, verdanken wir die ersten Beschreibungen der Dahlie dem spanischen Arzt Francisco Hernandez, der Mexiko im Auftrag der spanischen Krone zwischen 1571 und 1600 zweimal besuchte. Die Azteken selbst verfügten über eine Art Bildsprache, doch im Zuge der Eroberungen wurden fast all ihre Dokumente zerstört. Dennoch wird vermutet, dass die Azteken Dahlien als Symbol der Sonne sahen und sie verehrten, da die Sonne in ihren religiösen Vorstellungen eine besondere Rolle spielte.

Von ihrer Entdeckung bis zu ihrer Ankunft in Europa vergingen noch einmal mehr als 200 Jahre. Vincente Cervantes vom Botanischen Garten Mexiko-Stadt sandte im Jahr 1791 Dahliensamen nach Madrid, die noch im selben Jahr erblühten. Gemeinsam mit einem französischen Arzt begab sich Alexander von Humboldt 1799 auf eine Expedition durch Südamerika und entdeckte im Hochland von Mexiko ebenfalls Dahlien, die er nach Berlin sandte. Dem russischen Botaniker Georgij zu Ehren gab man der Pflanze den Namen »Georgina«, ohne zu wissen, dass die ersten Dahlien schon 1791 im Botanischen Garten in Madrid erblüht waren und der dortige Direktor die Gattung bereits nach dem schwedischen Botaniker Andreas Dahl als *Dahlia pinnata* benannt und vorgestellt hatte. Damit ist diese ältere Bezeichnung die gültige. Dennoch hielt sich selbst unter Züchtern die Bezeichnung »Georgina« lange, und in Skandinavien und Osteuropa werden Dahlien umgangssprachlich bis heute so genannt.

Apropos Namen: Die älteste noch vorhandene deutsche Züchtung heißt *›Kaiser Wilhelm‹*. Zwar stehen auch heute noch berühmte Persönlichkeiten für die Namensgebung von Dahlienzüchtungen Pate, wie beispielsweise für die Dahlie *›Steffi Graf‹*, aber es gibt auch eine *›Schwarze Prinzessin‹*, die an eine ganz andere Geschichte erinnert. Die einzige bei den Dahlien fehlende Farbe regte die Fantasie eines Schriftstellers an. Unter dem Titel »Die blaue Dahlie« erschien 1946 ein Thriller von George Marshall, der vom Mord an einer jungen Schauspielerin handelte. Im darauf folgenden Jahr geschah in einem Vorort von Boston tatsächlich ein brutaler Mord. Opfer war die 22-jährige Schauspielerin Elisabeth Short. In Anspielung auf die Romanverfilmung wurde in der Presse unter der Schlagzeile »Die schwarze Dahlie« über den Fall berichtet. Weil das Verbrechen niemals aufgeklärt und der Mörder niemals gefasst wurde, erregte der Fall großes Aufsehen. Der Regisseur Brian De Palma verfilmte im Jahr 2006 den Stoff erneut unter dem Titel »The Black Dahlia«.

Wenden wir uns nach diesem dunklen Kapitel lieber wieder der überwältigenden Farbenpracht zu, mit der uns die »Königin des Herbstes« zum Ausklang des Gartenjahres beeindruckt. Im klassischen Bauerngarten fanden Dahlien ihren Platz als farbenfrohe Umrandung der Gemüsebeete. Da die Pflanzen hier niemals allein wegen ihres Zierwerts, sondern immer zugleich als Heilpflanzen und zum Verzehr angebaut wurden, bereicherten Dahlien farbenfrohe Blumensträuße ebenso wie bunte Salate. Seit sich Dahlien wieder zunehmender Beliebtheit erfreuen, gibt es Jahr für Jahr zahlreiche Dahlienfeste. Der weltweit erste Schaugarten ausschließlich für Dahlien wurde 1928 in Gera gegründet und existiert noch heute. Auf der Blumeninsel Mainau findet alljährlich im Herbst eine Dahlienschau statt, bei der etwa 12000 Dahlien erblühen und eine »Dahlienkönigin« gekrönt wird.

Traditionelle Verwendung in der Küche

Die Azteken nutzten den Knollensaft von Dahlien als Heilmittel und behandelten damit Blähungen und Magenbeschwerden, aber auch Verletzungen und Knochenbrüche. Inzwischen ist pharmakologisch nachgewiesen, dass Dahlienknollen Benzoesäure enthalten und deshalb antibiotisch wirksam sind. Zugleich waren Dahlienknollen aufgrund ihres hohen Stärkegehalts ein wertvolles Nahrungsmittel für die

Indianer. Geringe Mengen an Vanillin und andere ätherische Öle sorgten für einen angenehmen Geschmack. Allerdings sind Dahlienknollen wegen ihres hohen Insulingehalts nur in geringen Mengen zum Verzehr geeignet. Über die traditionelle Verwendung von Dahlienblüten ist wenig bekannt. Dafür eroberten Dahlienblüten in den letzten Jahren die Herzen zahlreicher kreativer Köche. Die Blüten schmecken würzig-säuerlich, manchmal leicht bitter. Eine Beigabe von etwas Zucker mildert den Geschmack. Vor allem als Salat zubereitet sind sie eine echte Delikatesse.
Aber auch Suppen, Saucen und Gelees lassen sich mit Dahlienblüten verfeinern. Während einer Veranstaltung unter dem Titel »Dahlia Culinaria« kredenzte eine österreichische Wirtin schmackhafte Kreationen vom Dahlien-Leberkäse bis hin zu einer Dahlien-Schokoladenmousse.
Wie fast alle Blüten eignen sich Dahlienblüten auch zum Aromatisieren von Spirituosen. Eine ganz besondere Idee wurde in der Nolde-Stiftung geboren, deren Ziel es ist, das Werk Emil Noldes im Sinne des Künstlers zu erhalten und zu vermitteln. Bekannt sind die farbenprächtigen Bilder des Künstlers, und wo immer sich der berühmte Expressionist niederließ, legte er Blumengärten an. Sein langjähriges Domizil in Seebüll ist heute samt zugehörigem Garten ein Museum. Damit Besucher dieses Ortes symbolisch etwas von diesem Lebensgefühl mitnehmen können, habe ich für die Stiftung eine Ratafia aus handverlesenen Dahlienblüten kreiert, die exklusiv dort angeboten wird. Die verarbeiteten Dahlien stammen ausschließlich aus Emil Noldes Garten in Seebüll.

Dahlienmenü

Von den Azteken schon vor über 2000 Jahren kultiviert, hatte die Dahlie dort auch einen hohen kulturellen Stellenwert: Die Blüten symbolisierten die Sonne. Auch wenn früher hauptsächlich die Knollen gegessen wurden, können wir uns im Herbst mit den Blüten die Sonne auf den Teller holen.

GETRÄNK - DAHLIEN-MARGARITA

Die Dahlie ist bis heute die Nationalblume Mexikos und Tequilla das »Nationalgetränk«. So kam ich auf die Idee für diesen Cocktail.

30 ML FRISCH GEPRESSTER ZITRONENSAFT
20 ML DAHLIENSIRUP (REZEPT SIEHE »BLÜTEN IN GETRÄNKEN«)
4 GROSSE PÜRIERTE ERDBEEREN
40 ML TEQUILA
1 PR SALZ
CRUSHED ICE
1 ERDBEERE ZUR DEKORATION

Es werden alle Zutaten gut miteinander gemixt und in zwei vorgekühlte Gläser gegossen.
Mit je einer halben Erdbeere garnieren.

VORSPEISE – DAHLIENSALAT MIT RÄUCHERFISCHMOUSSE

Dahlien im Garten blühen fast unermüdlich, und wenn Sie genug haben, können Sie auch nur gezupfte Dahlienblüten als Salatgrundlage für die Forellen-Mousse nehmen. Mit ihrem würzig-säuerlichen, leicht erdigen Geschmack passen sie wunderbar zu Fisch.

500 G GERÄUCHERTE FORELLENFILETS (CA. 4 STÜCK)
30 G WEICHE BUTTER
1–2 EL SAURE SAHNE
1–1½ EL ZITRONENSAFT
SALZ
FRISCH GEMAHLENER PFEFFER
ROTER PFEFFER (CHINUSBEEREN)

DAHLIEN IN VERSCHIEDENEN FARBEN UND FORMEN
RUCOLASALAT, FALLS IHRE DAHLIENBLÜTEN NICHT AUSREICHEN
4 EL WALNUSSÖL
2 EL ZITRONENSAFT
SALZ
FRISCH GEMAHLENER PFEFFER

Die Forellenfilets grob zerkleinern, mit der Butter, der sauren Sahne und dem Zitronensaft pürieren und mit Salz und Pfeffer abschmecken. Für 60 Minuten in den Kühlschrank stellen.
Die Dahlien auf Unversehrtheit und Insekten untersuchen und die Blüten auszupfen. Falls nötig, den Rucola waschen und die dicken Strünke abschneiden. Aus Öl, Zitronensaft, Salz und Pfeffer das Dressing anrühren. Die gezupften Dahlienblüten auf vier Teller verteilen, evtl. auf ein Bett aus Rucola, und mit dem Dressing beträufeln. Mit Hilfe von zwei in heißes Wasser getauchten Esslöffeln aus der Forellenmousse Nocken formen und auf die Blüten setzen. Mit den im Mörser leicht zerriebenen rosa Beeren bestreuen und servieren. Dazu passt frisches Baguette.

HAUPTGERICHT - ZANDERFILET AN DAHLIENSCHAUM MIT RÖSTI

Neben Lachs ist Zander mein Lieblingsfisch. Er zählt zu den »Edel-Süßwasserfischen« und zeichnet sich besonders durch sein festes, weißes Fleisch aus. Er kann gedünstet oder gebraten werden.

500 G KARTOFFELN
8 DAHLIENBLÜTEN, DIE BLÄTTER GEZUPFT (1 EL ALS GARNITUR BEISEITE STELLEN)
SALZ
PFEFFER AUS DER MÜHLE
6 EL OLIVENÖL
2 SCHALOTTEN
250 ML WEISSWEIN
300 ML SAHNE
100 G + 3 EL BUTTER
4 ZANDERFILETS ZU JE CA. 150 G
3 EL MEHL

Die rohen Kartoffeln schälen, grob reiben und trocken tupfen, da Kartoffeln stark wässern. Die Hälfte der Blüten untermengen und mit Salz und Pfeffer würzen. In einer beschichteten Pfanne das Öl erhitzen und die Kartoffel-Dahlien-Mischung portionsweise hineingeben, flach andrücken und bei schwacher bis mittlerer Hitze von beiden Seiten unter einmaligem Wenden braun und knusprig braten. Evtl. auf Küchenpapier von überschüssigem Öl befreien.
Die Schalotten fein hacken und zusammen mit dem Weißwein aufkochen, langsam bis zu ca. 100 Milliliter einkochen lassen. Die Sahne und 100 Gramm Butter beigeben und alles bei leichter Hitze aufkochen und nochmals etwas reduzieren. Die restlichen gezupften Dahlienblütenblätter dazugeben, salzen und pfeffern und anschließend alles pürieren. Warm stellen.
Die Zanderfilets unter fließendem kalten Wasser abspülen und gut trocken tupfen. Mit Salz und Pfeffer würzen und in Mehl wenden. Die restliche Butter in einer großen Pfanne nicht zu heiß werden lassen und die Fischfilets zuerst auf der Hautseite gute 2 Minuten anbraten. Dann den Fisch wenden und auf der anderen Seite 2 Minuten braten. Nochmals wenden und die Hautseite braten, bis sie kross ist.
Auf vorgewärmten Tellern die Zanderfilets mit den Kartoffel-Dahlien-Rösti anrichten und mit dem Dahlienschaum umgießen. Die restlichen Dahlienblüten darüberstreuen.

DESSERT – DAHLIEN-SYLLABUB

Syllabub ist ein traditionelles englisches Dessert, das im 17. Jahrhundert populär wurde. Traditionell wird Weißwein mit Zitronensaft aromatisiert und mit Zucker gesüßt. Unter diese Masse wird dann steif geschlagene Sahne gehoben. Im Gegensatz zu Weinschaumcreme wird kein Eigelb verwendet und die Masse muss nicht im warmen Wasserbad aufgeschlagen werden. Das Dessert lässt sich also sehr einfach zubereiten und schmeckt extrem lecker. Sie können natürlich auch jeden anderen Blütensirup hierfür verwenden.

200 ML WEISSWEIN
8 EL DAHLIENSIRUP (REZEPT SIEHE »BLÜTEN IN GETRÄNKEN«)
300 ML CRÈME SAHNE ODER CRÈME DOUBLE
VERZUCKERTE DAHLIENBLÜTEN ZUR DEKORATION (REZEPT SIEHE »BLÜTEN IN ZUCKER«)

Den Weißwein mit dem Sirup verrühren und kalt stellen. Die Crème Sahne oder Crème double aufschlagen und die Wein-Mischung in kleinen Mengen einfließen lassen. Dabei immer weiterschlagen, bis sich weiche Spitzen bilden. Die Creme in Gläser füllen und mit den verzuckerten Dahlienblüten garnieren.
Crème Sahne hat einen Fettgehalt von mindestens 36 Prozent und behält ihre Festigkeit über mehrere Tage, ohne dass sich etwas absetzt. Ich verwende sie sehr gerne für Sahnetorten und Desserts wie dieses.

Dahlien im Garten

DAHLIEN (DAHLIA) Dahlien gehören zur Familie der Korbblütler (Asteraceae) und wachsen als krautige Stauden aus Knollen oder knolligen Rhizomwurzeln in ganz unterschiedlichen Höhen und Wuchsformen heran. Sie bilden aufrechte, meist unverzweigte, einzeln oder auch in Bündel stehende Stängel mit gefiederten, kräftig grünen, seltener purpurnen Laubblättern. Ihre nickenden, prächtig gefärbten Blüten sitzen am Ende blattloser, schlanker Blütenstiele. Dahlienblüten sind ausgesprochen vielgestaltig. Übersicht in dieser Blütenvielfalt ermöglicht eine Klasseneinteilung nach den Richtlinien der englischen »National Dahlia Society«, die zehn Dahlienklassen einzig nach der Form ihrer Blüten unterscheidet, wobei die 10. Klasse (Diverse Dahlien) ausgefallene Sorten erfasst, die keiner der übrigen Klassen zugeordnet werden können.
Die rot blühende *Dahlia juarezii* ist vermutlich die Stammmutter aller heute bekannten Dahlien. Bezeichnet werden die etwa 20000 Zuchtformen heute als *Dahlia x cultorum hort.* (syn. *Dahlia variabilis hort.*) und ihrem jeweiligen Sortennamen.

STANDORT Dahlien benötigen einen sonnigen Standort und nahrhafte, humose Böden, die feucht, aber gut durchlässig sein sollten. In Mitteleuropa sind Dahlien nicht winterhart.

KULTUR UND PFLEGE Viele niedrige Dahliensorten können jährlich aus Samen vermehrt werden. Gesät wird von Februar bis April ins Frühbeet, ausgepflanzt erst nach den letzten Frösten, also Ende Mai.
Verbreiteter ist das Setzen von Knollen im späten Frühjahr, etwa Ende April, Anfang Mai, wobei die Krone der Knolle etwa fünf Zentimeter unter der Erdoberfläche liegen sollte. Ein Vortreiben der Knollen im Haus ist möglich. Damit wird eine frühere Blüte erreicht. Es empfiehlt sich, einen stabilen Stab in das Pflanzloch

zu stecken, an dem die Dahlien später festgebunden werden können. Nach dem Auslegen der Knollen heißt es geduldig warten, denn die ersten Blattspitzen zeigen sich erst mehrere Wochen später.
Während der gesamten Vegetationsperiode ist der Wasserbedarf der Dahlien recht hoch. Insbesondere an heißen, trockenen Tagen ist kräftiges Wässern notwendig. Mit einer Mulchschicht kann die Feuchtigkeit in der Erde gehalten und das Bodenleben aktiviert werden. Sie eignet sich daher auch für Dahlien, sollte aber erst aufgebracht werden, wenn die Pflanzen eine gewisse Höhe erreicht haben, damit ihnen mit der Mulchschicht angelockte Schnecken nichts mehr anhaben können. Eine üppigere Dahlienblüte erhält man, indem die Pflanzen etwa Anfang Juli bis auf drei, maximal fünf Triebe eingekürzt werden. Während der Blütezeit sollte Verblühtes regelmäßig abgeschnitten und hohe Sorten mit schweren Blüten gestützt werden.
Milden Frost überstehen Dahlienknollen meist unbeschadet. Doch bereits eine Nacht mit Bodenfrost kann die Knollen zerstören. Nach dem ersten Nachtfrost werden die oberirdischen Teile dunkel und glasig. Das Laub sollte etwa fünf Zentimeter über der Knolle abgeschnitten werden, um sie nicht zu verletzen. Nun werden die Knollen vorsichtig ausgegraben und möglichst ein paar Stunden in der Sonne oder an einem warmen Ort getrocknet. Angetrocknete Erde kann vorsichtig abgeklopft werden, bevor die Knollen nach Sorten getrennt und etikettiert bis zum Frühjahr in mit Sand gefüllten Kästen (auch Zeitungspapier, Hobelspäne oder trockenes Laub sind möglich) an einem dunklen, gut belüfteten Ort gelagert werden. Ihr Winterquartier darf nicht zu warm, zu trocken oder zu feucht sein. Eine Temperatur von 4 bis 10 Grad Celsius ist ideal. Damit Schädlinge und Fäulnis rechtzeitig entdeckt und bekämpft werden können, sollten die eingelagerten Knollen gelegentlich kontrolliert werden. Einjährige Dahlien aus Samenzucht werden in der Regel nicht überwintert. Vermehrt werden diese Sorten wiederum durch Samen. Dahlienknollen können im Frühjahr geteilt werden, wobei jedes Teilstück mindestens ein Auge bzw. einen Trieb behalten muss. Bei Voraustrieb ist es auch möglich, die erscheinenden Sprosse als Triebstecklinge zu schneiden, sobald sie acht bis zehn Zentimeter lang sind. Einzeln gepflanzt, bewurzeln sie innerhalb von zwei bis drei Wochen.

BLÜTE UND ERNTE Dahlien blühen in unseren Breiten vom Hochsommer bis zum ersten Frost.

EMPFEHLENSWERTE SORTEN FÜR DIE KÜCHE
Da sie über keinen aromatischen Duft verfügen, können wir uns bei den Dahlien nicht von der Nase leiten lassen. Es gibt einige Wildformen, die leicht nach Honig duften wie beispielsweise die Dahlie *›Nagels odorant‹*. Züchter sind um den Erhalt solcher Sorten bemüht und versuchen sich an Neuzüchtungen duftender Dahlien. So bietet der Hamburger Dahliengarten exklusiv die gelb blühende Dahlie *›Heini‹*, die ebenfalls Honigduft verströmt. Jedoch sind alle Dahlien essbar. Wählen sie also einfach diejenigen aus, die ihnen am besten gefallen, wobei der Geschmack dunkelfarbiger Dahlien kräftiger ist der von Dahlien mit hellen Blüten.

Chrysanthemen

Für Glück und ein langes Leben

Alljährlich werden zwei dieser Feste gegeben, eines im Frühjahr während der Kirschenblüte, das andere im Herbst, wenn die Chrysanthemen in ihrer unbeschreiblichen Blütenpracht stehen. Tausende und abertausende dieser Blumen in allen erdenklichen Farben bis zu der Größe unserer Sonnenblumen, Exemplare mit einer einzigen Blüte und Pflanzen mit 2–400 Blüten stehen in den breiten Avenuen des kaiserlichen Parkes. Und nun denke man sich in diese Blütenpracht hinein die farbenreichen, glitzernden Gestalten, wie sie die japanische Tracht schuf, – es muss traumhaft schön gewesen sein.

AUS: »ASIEN UND AUSTRALIEN«,
AUGUST WILHELM GRUBE (1816–1884)

a
c

Historisches zur Blüte

Wenn die meisten anderen Blumen bereits verblüht sind, entfalten diese Herbstschönheiten ihren Charme und bezaubern mit üppiger Blütenpracht. »Chrysanthemo« nannte sie der Botaniker Carl von Linné, abgeleitet vom altgriechischen »chrysos« (Gold) und »anthemon« (Blüte) also »Goldblüte«. Denn die ersten Chrysanthemen waren gelb. Inzwischen gibt es kaum eine Farbe, in der Chrysanthemen nicht erblühen und das Herbstgrau vergessen lassen. Einige Impressionisten haben diese Leuchtkraft der Chrysanthemen auf ihren Gemälden unübertroffen verewigt. So zeigt das »Chrysanthemenbouquet« von Pierre-Auguste Renoir ein Feuerwerk aus Farben. Ob weiß, zartrosa, quittengelb, orange oder scharlachrot, jede einzelne der zottigen Blüten strahlt ungestüme Lebendigkeit aus. Ursprünglich stammt die Chrysantheme aus China, wo sie schon sehr früh kultiviert wurde. Konfuzius erwähnt sie bereits im 5. Jahrhundert v. Chr. in seinem Buch der Lieder. Das Buch der Wandlungen »I Ging« schreibt der Zahl Neun positive Attribute zu, und da 9.9. im chinesischen mit »jiujiu« (Ewigkeit) gleich klingt, verhieß der 9. Tag des 9. Monats Glück. So entstand die Tradition, an diesem Tag das »Chongyangfest« zu feiern, in dessen Mittelpunkt die Chrysanthemen standen, die zu dieser Jahreszeit beginnen zu blühen. Da ihre gelben Blüten die dunkler werdenden Tage wie Lichtpunkte aufhellten, wurden Chrysanthemen zum Symbol für Heiterkeit. Gleichzeitig stand die Chrysantheme für Ausdauer, Kraft und Mut, weil sie selbst Kälte und Frost trotzt. Verschiedene Bräuche im alten China sollten diese erstaunliche Lebenskraft der Chrysanthemen auf den Menschen übertragen. Der Genuss ihrer Blütenblätter und deren Beigabe zum Tee oder Reiswein versprachen ein langes Leben.

Von China aus gelangte die Chrysantheme nach Japan, was ihr ausgesprochen gut bekam, weil die japanischen Züchter weniger um Symmetrie und Gleichmaß bemüht waren, sondern eine überraschende Farb- und Formenvielfalt hervorbrachten. Der japanische Name für die Chrysantheme »Kiku« ist gleichbedeutend mit Abendsonne. Die prächtigsten Exemplare mit sechzehn Blütenblättern kamen dem Bild der Sonne am nächsten. Sie blieben der kaiserlichen Familie vorbehalten und galten als Symbol für die Unsterblichkeit und Vollkommenheit des Kaiserhauses. Kaiser Ouda schließlich erfand im Jahre 990 das Chrysanthemenfest, ein Hofzeremoniell auf dem die Züchter wetteiferten und feierlich Arrangements aus Chrysanthemenblüten übergaben. Zum Festmahl wurde ein mit Chrysanthemen gewürzter Reiswein gereicht, der »kikuzake«. Im Lauf der Zeit wurde das Chrysanthemenfest zum Volksfest, das die Japaner bis heute alljährlich am 9. September feiern. Eine Legende besagt, wer sich an diesem Tag eine Chrysanthemenblüte ins Haar steckt, einen Berg besteigt und Kikuzake trinkt, könne jedem Unglück entrinnen. Nach wie vor heißt der Kaiserpalast Chrysanthemenpalast, die höchste japanische Auszeichnung ist der Chrysanthemenorden.

Das lässt vermuten: Wer einmal dem Charme der Chrysanthemen erliegt, den lassen diese fransigen Blüten nicht mehr los. Chrysanthemen haben Tuschemaler in China, Japan und Korea ebenso begeistert wie zahlreiche französische Impressionisten. Dichter aller Epochen ließen sich von ihren Blüten anregen. Seit Jahrzehnten im Chrysanthemenfieber ist die Stadt Lahr in Deutschland. Jedes Jahr wird dort die »Chrysanthema« gefeiert, ein dreiwöchiges Blütenfest, das mittlerweile Hunderttausende Besucher anzieht. Die ganze Stadt schmückt sich mit unzähligen Chrysanthemenblüten und kürt sogar eine Chrysanthemen-Königin. Nicht zu vergessen: Köche verwöhnen den Gaumen mit Kreationen aus Chrysanthemen.

Traditionelle Verwendung in der Küche

Ihrer Herkunft entsprechend haben Chrysanthemen vor allem in der ostasiatischen Küche eine lange Tradition und werden für die unterschiedlichsten Gerichte verwendet. Bereits erwähnt wurde das Aromatisieren von Reiswein mit den Blütenblättern der Chrysanthemen. In China und Korea wird auch ein Schnaps gebraut, der Chrysanthemenblätter enthält. Beim Bereiten von Tee werden ganze Chrysanthemenblüten mit heißem Wasser übergossen und entfalten sich in der Teeschale.

Chrysanthemen sind Bestandteil des Chop Shuey, der klassischen asiatischen Gewürzmischung. Blüten und Blätter der Chrysanthemen werden sowohl roh als auch blanchiert, gedünstet oder frittiert verwendet.

In Japan beispielsweise sind Chrysanthemenblüten im knusprigen Teigmantel (Kiku Tempura) eine verbreitete Delikatesse. Die Koreaner bereiten Blumenpfannkuchen mit Blütenblättern von Chrysanthemen. Es gibt Gerichte, in denen Chrysanthemen eine Hauptrolle spielen, wie beispielsweise im chinesischen Chrysanthemenfeuertopf »Chu-Hua-Kuo«, oder Fleisch- und Reisgerichte, die sie als Beigabe bereichern. Blütenblättchen der Chrysanthemen werden über Salate gestreut und Suppen beigegeben, verfeinern Sandwiches, Kuchen und Gebäck.

Frische Chrysanthemenblüten schmecken leicht bitter, woran sich in der asiatischen Küche niemand stört. Allerdings reicht ein kurzes Bad in recht warmem Salzwasser aus, um den Gehalt an Bitterstoffen zu verringern. Auch eine Beigabe von Zucker kann den bitteren Geschmack abmildern.

Chrysanthemenmenü

Während Chrysanthemen in Asien als Lebensmittel ganz selbstverständlich auf dem Markt zu finden sind, müssen experimentierfreudige europäische Köche etwas länger nach Anbietern unbehandelter Chrysanthemen für die Küche suchen. Dennoch hat vor allem die so genannte Speisechrysantheme inzwischen zahlreiche Liebhaber in Europa gefunden. Dabei liegt das Hauptaugenmerk häufig auf den Blättern junger Pflanzen, die vielseitig verarbeitet werden. Im Vergleich dazu fristen Chrysanthemenblüten hier noch ein Schattendasein. Deshalb möchte ich dazu ermuntern, auch den Blüten mehr Aufmerksamkeit zu schenken.

GETRÄNK – KIKUZAKE

Einer Legende zufolge soll im 6. Jahrhundert n. Chr. in den Bergen ein ca. 700 Jahre alter Eremit entdeckt worden sein, der den Tau von Chrysanthemenblüten getrunken hatte und so unsterblich wurde. Seitdem gilt Sake mit schwimmenden Chrysanthemenblüten als lebensverlängernd und noch heute hält man an dieser Tradition fest.

Sake ist das Nationalgetränk Japans. Als »Getränk der Götter« ist es eng mit der Shinto-Religion, der ursprünglichen Naturreligion Japans, verknüpft. Schlicht aus Wasser und Reis hergestellt, ist Sake eines der natürlichsten und reinsten Getränke der Welt.

SAKE
CHRYSANTHEMENBLÜTENBLÄTTER

Die Chrysanthemen auf Unversehrtheit und Insekten überprüfen und die einzelnen Blütenblättchen auszupfen. Sake in die Gläser füllen und mit den Blütenblättchen bestreuen.

VORSPEISE - CARPACCIO VOM RIND MIT CHRYSANTHEMENBLÜTEN

Eine außergewöhnliche Vorspeise, die leicht vorzubereiten ist.

250 G RINDERFILET
CHRYSANTHEMENBLÜTENBLÄTTER
2 EL OLIVENÖL
SALZ
PFEFFER AUS DER MÜHLE
1 EL GROBER DIJONSENF
1 EIGELB
1 TL ZITRONENSAFT
1 EL WEISSER BALSAMICOESSIG
5 EL OLIVENÖL EXTRA VERGINE
2 EL FRISCH GERIEBENER PARMESANKÄSE

Das Rinderfilet eine Stunde im Gefrierfach anfrieren lassen, dann am besten mit einer Schneidemaschine quer zur Faser in hauchdünne Scheiben schneiden. Die Chrysanthemenblüten zupfen und auf den Tellern anrichten. Das Filet darauf legen und mit dem Olivenöl beträufeln. Mit Salz und etwas frisch gemahlenem schwarzem Pfeffer würzen.
Den Senf mit dem Eigelb, dem Zitronensaft und dem Essig verrühren. Dann das Olivenöl mit dem Schneebesen darunterschlagen. Den geriebenen Parmesankäse dazugeben und mit Salz und Pfeffer abschmecken. Die Vinaigrette über das Fleisch träufeln, nach Belieben mit etwas fein gehobeltem Parmesan garnieren.

HAUPTGERICHT – CHU-HUA-KUO (CHRYSANTHEMEN-FEUERTOPF)

Schon die berühmten chinesischen Dichter Su Tung Pho und Tao Yen Ming haben Lobeshymnen auf die Chrysantheme gesungen. Im Frühling kann man die Keimlinge, im Sommer die Blätter, im Herbst die Blüten und im Winter die Knollen essen. Lassen Sie sich bei diesem traditionellen Feuertopf von Chrysanthemenblüten und -blättern bezaubern.

100 G GLASNUDELN
200 G SCHWEINEFILET
200 G RINDERFILET
200 G HÜHNERBRUST
200 G FISCHFILET
200 G KRABBEN
200 G CHINAKOHL
1 STANGE LAUCH
200 G BAMBUSSPROSSEN
CHRYSANTHEMEN (BLÜTENBLÄTTER UND ZARTE GRÜNE BLÄTTER)
3 EIER
½ TASSE SOJASAUCE
½ TASSE REISWEIN ODER SHERRY
1 EL SESAMÖL
2 LITER HÜHNERBRÜHE
FERTIGE DIPS NACH GESCHMACK (TOMATENSAUCE, CHILISAUCE, SENFSAUCE, SAUCE SÜSS-SAUER, SOJA-ESSIG-SAUCE, SAMBAL OELEK)

Die Glasnudeln in einer Schüssel mit kaltem Wasser 10 Minuten einweichen, dann abtropfen lassen und in etwa 10 Zentimeter lange Stücke schneiden. Die verschiedenen Fleischsorten in ganz dünne Scheiben schneiden. Dazu das Fleisch am besten für 1 Stunde in das Gefrierfach legen. Eiskalt und hart lässt es sich gut mit einer Schneidemaschine in Scheiben und dann in Streifen von 3 x 7 Zentimetern schneiden. Den Chinakohl und den Lauch waschen, halbieren und in feine Streifen, die Bambussprossen in feine Scheiben schneiden. Die Chrysanthemen waschen, die Blütenblätter und einige zarte grüne Blätter abzupfen und abtropfen lassen. Alle Zutaten getrennt in Schüsselchen oder auf einer großen Platte anrichten.
Für die Sauce die Eier verquirlen, mit der Sojasauce, dem Reiswein oder dem Sherry und dem Sesamöl gut mischen und für jeden Gast eine Schale davon bereitstellen. Die verschiedenen Dips in kleine Schüsseln geben.
Die Hühnerbrühe auf dem Herd erhitzen, in einen Fonduetopf oder ein anderes feuerfestes Gefäß gießen und auf einem Rechaud bei Tisch am Kochen halten. Zuerst beliebig viele Chrysanthemenblütenblättchen und einige grüne Blätter als Geschmackszutat in die Brühe geben.
Mit einer Fonduegabel können nun die einzelnen Fleisch-, Fisch- oder Gemüsestückchen in die heiße Brühe gehalten werden, bis sie gar sind. Jeder sucht sich selbst aus, was er essen will und in welcher Reihenfolge es ihm am besten schmeckt. Zwischendurch oder zum Schluss werden dann die Glasnudeln in der Brühe 1 Minute gekocht und gegessen.

DESSERT – KIKU TEMPURA (FRITTIERTE CHRYSANTHEMENBLÜTEN)

In Japan werden Blüten häufig als Tempura zubereitet. Oftmals werden die »neutral« frittierten Blüten dann als Gemüsebeilage mit einer speziellen Sauce gereicht. Ich habe mich hier für eine süße und etwas gehaltvollere Dessert-Variante entschieden, mit der Sie auch andere Blüten frittieren können. Am bekanntesten sind sicherlich in Teig ausgebackene Holunderblüten.

2 EIER
200 G MEHL
400 ML MILCH, WEIN, MINERALWASSER ODER BIER
3 EL ZUCKER
1 PR SALZ
CA. 1 L NEUTRALES ÖL ZUM AUSBACKEN
CHRYSANTHEMENBLÜTEN MIT STIEL
PUDERZUCKER

Die Eier mit Mehl, Flüssigkeit, Zucker und Salz mit dem Mixer zu einem glatten Teig verrühren und etwas ruhen lassen. Das Öl in einem hohen Topf auf 160°C erhitzen. Die auf Unversehrtheit und Insekten überprüften Blüten durch den Teig ziehen und im heißen Öl ca. 1 Minute goldgelb ausbacken. Auf Küchenpapier abtropfen lassen und mit Puderzucker bestäubt sofort servieren.
Reichen Sie diese »gebackenen« Blüten als Dessert oder zum Kaffee am Nachmittag.

Chrysanthemen im Garten

CHRYSANTHEME (CHRYSANTHEMUM) Chrysanthemen wachsen als ein- oder mehrjährige Pflanzen und gehören zur Familie der Korbblütler (Asteraceae). Ihre ein- oder mehrfarbigen Zungenblüten sitzen in langgestielten köpfchenartigen Blütenständen. Während die Stammform ausschließlich gelb blühte, zeigen die zahlreichen Züchtungen ganz unterschiedliche Farben und Blütengrößen. Die einzelnen Sorten unterscheiden sich auch in ihren Wuchshöhen von kriechend bis etwa einem Meter Höhe.
Aufgrund einer neuen Systematik wurden einige Chrysanthemen anderen Pflanzengattungen zugeordnet und erhielten neue botanische Namen. Über einen gewissen Zeitraum werden vermutlich beide Bezeichnungen nebeneinander verwendet, weshalb ich die jeweiligen synonymen Bezeichnungen ebenfalls angebe.

STANDORT Chrysanthemen mögen einen sonnigen Stand und einen humosen, stets leicht feuchten Boden.

KULTUR UND PFLEGE Der Chrysanthemengärtner hat die Wahl zwischen einjährigen und mehrjährigen Sorten. Alle Chrysanthemen bevorzugen einen schwach sauren Boden und sollten deshalb immer leicht feucht gehalten werden. Ihr Nährstoffbedarf hingegen ist nicht besonders hoch. Einjährige Chrysanthemen können ab März ins Frühbeet gesät werden. Ihre Anzucht gelingt meist ohne Schwierigkeiten. Die Keimdauer beträgt etwa zehn Tage. Ab Mai kann auch eine Aussaat direkt ins Freiland erfolgen. Folgesaaten sind bis zum Herbst möglich. Der Pflanzabstand sollte etwa 25 Zentimeter betragen. Nach dem Anwachsen empfiehlt es sich, den Mitteltrieb zu stutzen, damit sich die Pflanzen besser verzweigen und ein buschiger Wuchs erreicht wird. Bei nachlassender Blüte fördert ein Rückschnitt die Entwicklung neuer Blütenstände. Mehrjährige Chrysanthemen sind naturgemäß unempfindlicher. Wer jedoch möglichst lange Chrysanthemenblüten ernten oder sich daran erfreuen möchte, pflanzt sie am besten an einen geschützten Gartenplatz. Zwar überstehen die Winterchrysanthemen mühelos die ersten Fröste, doch bei Temperaturen unter vier Grad Celsius leiden ihre Blüten bisweilen. Dabei erweisen sich die kleinblütigen Sorten als widerstandsfähiger. Empfehlenswert ist ein regelmäßiger Rückschnitt starkwüchsiger Exemplare und eine Teilung der Pflanzen alle zwei bis drei Jahre.

BLÜTE UND ERNTE Während die Einjährigen (bei Vorkultur) manchmal bereits im Mai zu blühen beginnen und bis in den Herbst hinein immer neue Blüten treiben, beginnt die Blütezeit der ausdauernden Chrysanthemen im Herbst, bei einigen von ihnen erst im Spätherbst.
Die als Speise- oder Salatchrysantheme bekannte *Chrysanthemum coronarium (syn. Glebionis coronaria)* erfreut den ganzen Sommer lang von Juni bis weit in den September hinein mit immer neuen Blüten. Beim Ernten wird die Triebspitze etwa 15 Zentimeter lang abgeschnitten. Da sich die Pflanzen schnell regenerieren und gern Seitentriebe ausbilden, können sie mehrmals geerntet werden. Das erklärt, warum sie im Volksmund Wucherblume genannt wird.

EMPFEHLENSWERTE SORTEN FÜR DIE KÜCHE
Allererste Wahl für die Blütenküche ist zweifellos die Speisechrysantheme *Chrysanthemum coronarium (syn. Glebionis coronaria).* Sie ist relativ frostempfindlich und wird einjährig kultiviert. Ihre Blüten sind gelb oder weißgelb, haben einen Durchmesser von fünf bis acht Zentimetern und schmecken säuerlich herb. Ebenfalls essbar sind die doppelt gefiederten Blätter.
Gaumenfreuden im Spätherbst verspricht *Chrysanthemum indicum ›Novembersonne‹.* In Asien finden auch die von der ostasiatischen Wildform *(Chrysanthemum indicum)* abstammenden robusten, winterharten Garten- oder Herbstchrysanthemen *(Chrysanthemum indicum-Hybriden,* syn. *Chrysanthemum x morifolium,* syn. *Dendranthema x grandiflorum)* ihren Platz in der Küche. Dort werden sie teilweise sogar einjährig kultiviert. Diese Chrysanthemen blühen in vielen Farben. Hierzu gehören auch die bei uns als Winterastern bezeichneten Chrysanthemen. *Chrysanthemum leucanthemum* (syn. *Leucanthemum vulgare)* kennen wir als Margariten. Ihre Blüten schmecken süß.

Hinweis: Der aus Bauerngärten als Heilpflanze bekannten Rainfarn *(Chrysanthemum vulgare,* syn. *Tanacetum vulgare)* ist als Giftpflanze klassifiziert. Die Blüten dieser Wildstaude sind nicht genießbar. Ebenfalls nicht zum Verzehr geeignet ist *Chrysanthemum coccineum (syn. Chrysanthemum roseum),* die zur Gewinnung des Insektizids Pyrethrum genutzt wird.

Anhang

ESSBARE BLÜTEN (EINE AUSWAHL) Blüten verzaubern Vorspeisen und träumen in Getränken. Sie bereichern herzhafte Hauptgerichte und entfalten ihr dezentes Aroma in delikaten Desserts. Die Möglichkeiten, ihnen ungeahnte Genüsse zu entlocken, scheinen unerschöpflich. Probieren Sie es aus!

Begonie (Begonia)
Chrysantheme (Chrysanthemum)
Dahlie (Dahlia)
Duftgeranie (Pelargonium)
Duftveilchen (Viola odorata)
Fuchsie (Fuchsia)
Funkie (Hosta)
Gänseblümchen (Bellis perennis)
Geranie (Pelargonium)
Hibiskus (Hibiscus)
Holunder (Sambucus nigra)
Indianernessel (Monarda didyma)
Jasmin (Jasminum officinale)
Kapuzinerkresse (Tropaeolum majus)
Kissenprimel (Primula vulgaris)
Klee (Trifolium)
Königskerze (Verbascum)
Kornblume (Centauria cyanus)
Lavendel (Lavandula angustifolia)
Levkoje (Matthiola incana)
Linde (Tilia)
Löwenzahn (Taraxacum officinale)
Mädesüß (Filipendula ulmaria)
Magnolie (Magnolia)
Malve (Malva sylvestris, Malva moschata)
Nachtkerze (Oenothera)
Nachtviole (Hesperis matronalis)
Nelke (Dianthus)
Obstblüten
Ochsenzunge (Anchusa azurea)
Orangenblüten (Citrus sinensis)
Pfingstrose (Paeonia officinalis)
Phlox (Phlox paniculata)
Ringelblume (Calendula officinalis)
Robinie (Robinia pseudacacia)
Rose (Rosa)
Schlüsselblume (Primula veris)
Sonnenblume (Helianthus annuus)
Stiefmütterchen (Viola)
Stockrose (Alcea rosea)
Süßdolde (Myrrhis odorata)
Taglilie (Hemerocallis)
Trompetenblume (Campsis radicans)
Zitrone (Citrus limon)
Zucchini (Cucurbita pepo var. Giromontiina)

Die kulinarischen und heilkräftigen Eigenschaften von Kräutern sind bekannt, ihre Blüten schmecken etwas milder und leicht süßlich.

Basilikum (Ocimum basilicum)
Borretsch (Borago officinalis)
Dill (Anethum graveolens)
Fenchel (Foeniculum vulgare)
Oregano (Origanum vulgare)
Rosmarin (Rosmarinus officinalis)
Salbei (Salvia officinalis)
Schnittlauch (Allium schoenoprasum)
Thymian (Thymian vulgaris)
Ysop (Hyssopus officinalis)

Es wäre wundervoll, wenn wir Sie dazu anregen würden, die ständig wechselnde Blütenpracht intensiver zu genießen, nicht nur mit dem Auge, sondern auch mit Nase und Gaumen.

BEZUGSQUELLEN

http://www.bio-gaertner.de
Bietet Ihnen eine große Anzahl an weiterführenden Links zu Bezugsquellen der einzelnen Pflanzen. Außerdem gibt es auf der Seite eine große Pflanzen-Datenbank.

http://www.kraeuterei.de
Verschickt Kräuter und Duftpelargonien aus Bioland-Anbau.

http://www.rosenschule.de
Bietet Rosen aus biologischem Anbau und gibt weitere Tipps zum Rosenanbau.

http://www.von-blythen.de
Dies ist meine Internetseite mit vielen Informationen rund um das Thema essbare Blüten. Falls Sie keinen eigenen Garten haben und auf getrocknete Blüten oder schon fertig zubereitete Blütenprodukte zurückgreifen möchten, finden Sie hier eine große Auswahl an Blütenspezialitäten. Auch erfahren Sie die aktuellen Termine unserer Blütenkochkurse.

WEITERFÜHRENDE LITERATUR

Amendola, Maria Paola; Benedetti, Agata: Die Geheimnisse des erfolgreichen Gärtners. München und Zürich 1986 | **Baumann, Uwe; Rüegg, Kathrin:** Chrysanthema Lahr. Lahr 2007 | **Berger, Frank von; Kanbay, Feryal:** Knaurs Gartenlexikon: Gartenwissen von A–Z. München 2003 | **Böhmig, Franz; Preuße, Hans:** Rat für jeden Gartentag. Stuttgart 2002 | **Brown, Kathy:** Blüten-Kochbuch. München 2003 | **Capek, Karel:** Das Jahr des Gärtners. Leipzig und Weimar 1982 | **Connolly, Shane:** Blumensprache. München 2004 | **Dörfler, Hans-Peter:** Heilpflanzen gestern und heute. Berlin 1990 | **Dr. Oetker:** Schulkochbuch. Bielefeld 2002 | **Fischer-Rizzi, Susanne:** Das Safrankochbuch. Aarau und München 2003 | **Fronty, Laura:** Tees, Kaffees und Drinks. München 2002 | **Gäbler, Hartwig:** Das Buch von den heilenden Kräutern. Frankfurt a. M. und Berlin 1986 | **Göritz, Hermann:** Blumen im Garten. Berlin 1971 | **Grandits, Tanja:** Aroma pur. Baden und München 2007 | **Heil, Alexander:** Der Paradiesgarten. Staufen b. Freiburg 2004 | **Heilmeyer, Marina:** Die Sprache der Blumen. München 2003 | **Kime, Tom:** sweet + spicy. Starnberg 2006 | **Lestrieux, Elisabeth; Belder, Jelena de:** Der Geschmack von Blumen und Blüten. Köln 2000 | **Love, Gilly:** Rosen. München 2001 | **Mazouz, Mourad.** Couscous & Co. München 2000 | **Meyer, Berend:** Schöne Dahlien. Stuttgart 1991 | Der neue Gartenratgeber. München | **Nickig, Marion; Pöschel, Barbara:** Pelargonien. Hamburg 2002 | **Nickig, Marion; Rau, Heide:** Köstliche Blüten. Hamburg 2007 | **Paquin, Marianne:** Frisch gepflückt. München 2006 | **Schindler, Ingrid:** Die Rosenküche. Lenzburg 2002 | **Schinharl, Cornelia; Dickhaut, Sebastian:** Vegetarian Basics. München 2005 | **Tietz, Oda; Labuch, Kristin:** Das Blütenkochbuch. Münster 2005 | Universal-Lexikon der Kochkunst. Leipzig 1890 | **Verborgen, Luzian:** Die Blumensprache: Ein kleines Lexikon. Frankfurt a. M. 1992 | **Wildeisen, Annemarie:** Vanille. Aarau und München 2003 | **Winkler, Heinz:** Highlights der Kochkunst. München 1990 | **Wolter, Ingrid:** Blumen & Blüten. Graz 2004 | **Zabert, Arnold:** Kochen, die große Schule. München 1997

DANK

An dieser Stelle möchte ich noch einen ganz besonderen Dank an alle diejenigen aussprechen, die zum Gelingen dieses Buches beigetragen haben, ganz speziell Nikolaus Becker für die tollen Fotos, Ina Graf, die mir in dieser doch recht arbeitsintensiven Zeit sehr oft den Rücken freigehalten hat, Sylvia Althammer für die große Unterstützung bei der Recherche zur Mythologie und den Gartentipps, Herrn Arnold vom FLORALAND Arnold in Schöneiche für die Beschaffung und Bereitstellung vieler Pflanzen und natürlich meinen Kunden und Kochkurs-Teilnehmern für das immer wieder positive Feedback und dem Wunsch nach diesem Buch. Danke!

Die historischen Abbildungen stammen aus den Beständen der Württembergischen Landesbibliothek Stuttgart. Verlag und Autorin danken Herrn Dr. Eberhard Zwink, dem Leiter der Abteilung Alte und Wertvolle Drucke der Württembergischen Landesbibliothek Stuttgart, für seine fachkundige Unterstützung.

REGISTER DER REZEPTE